Der Flieder im Garten von Combray

Marcel Prousts Blumen

Herausgegeben und mit einem Vorwort
von Ursula Voß
Mit zahlreichen Abbildungen

Insel Verlag

Insel-Bücherei Nr. 1418
Sonderausgabe 2022

INHALT

»Ich glaube, ein Grashalm ist nicht geringer
als das Tagwerk der Sterne.«

Walt Whitman, Grashalme

Gewiß war er weder Gartenliebhaber noch Botaniker; Blumen aber und Blüten legte Marcel Proust unter »das Mikroskop des Herzens«. Es hatte damit seine Bewandtnis. Nach einem Frühlingsspaziergang im Bois de Boulogne setzte ein Asthmaanfall die fatale Zäsur im Leben des erst Neunjährigen: Erstickungsängste. Hinfort drohte Gefahr von aller Vegetation, von herumfliegenden Pollen, bei den Kinderspielen auf den Champs-Élysées oder beim Herumstreifen in den ländlichen Feriengefilden. Ob Marcel danach je wieder unbedacht Blumen in die Hand nahm, um ihren Duft einzuatmen, ob er Blüten berührte, außer einer weißen Frackorchidee wie der auf seinem Porträt als junger Dandy, oder einer Knopflochnelke? Alles Tastgefühl delegierte er, der Naturversessene, an die Augen, Mittler der schreibenden Hand, die so überreich Pflanzen jeder Art, jeder Couleur, jeder symbolisch deutbaren Gattung in den Romanzyklus *Auf der Suche nach der verlorenen Zeit* einstreute.

In den Fluß der Sprache verstreute Souvenirs von Gewächsen sind das, wurzelnd in der Erkenntnis von der »unbeseelten Schöpfung«, der »reine, immaterielle Liebe« galt. Wie der Rose gleich zu Beginn des autobiographisch geprägten Romans, der scheinbar nie zu einem Ende kommen wollte, wie ja auch der Natur kein Ende gesetzt ist. Diese erste Rose, noch frei von aller religiösen oder erotischen Symbolik, wuchs im großelterlichen Garten, von weiblicher Hand von ihren den Wuchs behindernden Stützen befreit – ein zärtlich reflektierter Vorgang in Kinderaugen. Am Ende, und nach Tausenden von Seiten, erschreckt die in Künstlichkeit sterilisierte Rose den Chronisten, einen Mann ohne Illusionen.

In der Erinnerung des Kränkelnden – spärlich leuchten im Text Begriffe wie »Heu- oder Rosenfieber«, »Atembeschwerden«, »Asthma« als Warnsignale auf – wird die Blumenbetrachtung zur Andacht, nicht selten zur Epiphanie: vor dem Weißdorn, vor der Obstbaumblüte. Die Erfassung der Pflanzen in der *Recherche* folgt den Lebensstationen des Dichters; von Anbeginn war er aufgrund seiner jüdischen Blutsmischung und vor allem seines Leidens begabt mit größtmöglicher Intensität allen Erlebens, allen Erschauens, die eigene Person wie die Umwelt betreffend. Im Roman sind beide aufs engste verflochten mit dem Bild des Blühenden und des Verblühenden bis hin zum Verschrumpelnden: Aus den getrockneten und zu Tee aufbereiteten Lindenblüten erwächst Marcel die eigene Vergangenheit.

Combray heißt die Herzkammer des Dichters. Noch den Gealterten – im Ersten Weltkrieg war er ein Mittvierziger – bewegt der Name; der Ort der Idylle und des Kindheitstraums ist mittlerweile von den Kämpfen verheert. Im Roman schickt der Dichter sein Alter ego, den kleinen Marcel, den Pariser Sprößling, in das Provinznest, den Ferienort der Familie. Läßt ihn dort, seinem atavistischen Instinkt folgend, die Feuchtgebiete aufsuchen, den Ursprung des Seins, um dem Wasser ein Geheimnis zu entlocken, von dem Nymphäen raunen. Wo die Dorfbuben im Flüßchen Vivonne Kaulquappen in Flaschen einfangen, spioniert der Junge im Matrosenanzug (nebst Canotier, will man einem Zeichner glauben) den Seejungfrauen nach.

Das Spaziergängerareal nennt sich Méséglise, das Rokokoschlößchen Tansonville ist die Sommerresidenz eines reichen Pariser Kunstkenners, Monsieur Swann. Garten- und Parkanlagen dort sind das reinste Paradies, um so mehr, als Marcels »fille-fleur« Gilberte Swann mit der rosigen Weißdornhecke verschmilzt. Guermantes heißt das andere Traumterrain, in Gegenrichtung und nebelverhüllt wie die dort ansässige Melusine. Die Schloßherrin gleicht einer Märchenfee; sie prophezeit dem kindlichen Wanderer seine Dichterlaufbahn. Er erfüllt die Weissagung durch Einhaltung des obersten Gebots: das genaue Hinschauen und Eindringen in die Dinge am Wege – die Blumen, den Flieder, die Gräser – bis hin zu den gezüchteten Edelsorten in Salon und Wintergarten, Orchideen und Chrysanthemen von Fernost oder exotischen Inseln.

So weit reist unser Dichter nicht, er gelangt nur bis nach Florenz und Venedig, wird dort fündig bei Botticelli, bei Fra Angelico oder den Steinmetzen. Wie lange ist das her! und wie gegenwärtig für die schreibende Hand. Wie die Atelierbesuche bei Elstir, der so viele Künstler in sich vereinigt, Helleu und Moreau, Renoir und Manet. An seinen guten asthmafreien Tagen atmet Marcel Seeluft und Rosenduft in Elstirs Atelier von Cabourg. An der normannischen Küste erfolgt dann auch das Jünglingserwachen im Schatten von Pennsylvaniarosen: Andrée und Albertine, die Jugendgeliebte, »die denkende Blüte am Horizont des Meeres«.

Die Gestalten in Prousts Romangarten sind farbige Schatten lebender Vorbilder; sie treten vereinzelt auf oder gebündelt als Exemplare der menschlichen Flora. Aus der provinziellen Entourage umkreisen der geschwätzige Legrandin, der stille Komponist Vinteuil das Ich des Blumenbetrachters wie er sie; hinzu treten die Jugendfreunde, der gewitzte Bloch mit jüdischem Hintergrund wie Marcel selbst, der Marquis Robert de Saint-Loup, der in seinem Liebesunglück Marcel gleicht. Den schmerzt die spröde Stacheligkeit eines rosigen Weißdorngeschöpfs; Trost suchend begibt er sich in den Salon der eleganten Halbweltdame Odette, vermählte Swann. Fernöstliche Kaiserblumen, Chrysanthemen adeln eine Kokotte großen Stils. Um ihre Botticellischönheit zu betonen, verpaßt ihr der Dichter – oder Monsieur Swann? – das frühlingsblumenbestreute Gewand der Primavera.

Jeder floristisch reichgeschmückte Salon entpuppt sich als Menschentreibhaus, wild durchwuchert. Den inne-

ren Garten der wahren Künstler konfrontiert Marcel mit den üppigen, ihren Reichtum demonstrierenden, duftenden Rabatten, die noch dazu Meerblick gewähren. Die Sommerresidenz La Raspelière in der Bretagne preisen die Verdurins den Freunden als Eldorado. Der Ich-Erzähler zieht sich von diesen Gestaden in die noblen

Schutzräume der Pariser Aristokratie zurück. »Parsifal unter den Blumenmädchen!« Jede einzelne Vasenblume eine »fille-fleur«, eine »femme-fleur« wie die Doppelfigur der Madame de Guermantes, Herzogin wie Prinzessin, mit ihrem Schwesterngewächs, dem Vergißmeinnicht in verblaßtem königlichem Blau. Männliche Wesen werden von floralen Vergleichen ausgenommen. Dem alten Diplomaten Monsieur de Norpois wird nicht einmal ein Knopflochgesteck im Stil der Rosenblüte von Monsieur de Charlus vergönnt; dafür ist die Haartracht eines Bediensteten als »dreifach natürlich blühende Flechtenkrone« angeordnet: ein »Algenbündel«, ein »Taubennest«, ein »Kranz aus Hyazinthen«, ein »Schlangenknäuel«.

Über ein Universum aus Fauna und Flora im Proust-Garten spannt sich der »Seelenhimmel«. Von den Mischgeschöpfen abgesehen, den Quallen, die ihm Wellen vor die Füße spülen, so daß er nicht umhin kann, sie in ihrer bizarren Schönheit mit der Orchis zu vergleichen, und abgesehen von einigen Insekten und Schmetterlingen ist Marcel Prousts Betrachtungsweise floral. Seine Kontemplation – so wie sie ein Freund vor einem Rosenbeet beobachtete – ließ ihn in einen Trancezustand geraten. Passivität reizte ihn zur Tiefenschau. So weit ging seine Imagination, daß er, der Blumen und Blüten zusammen mit weiblichen Wesen wie in einem Strauß verband – eine dornige Gilberte, eine rosenblattweiche Albertine, eine Orchideenschwüle ausstrahlende Odette –;

daß er also die Blume als tertium comparationis weglassen konnte. Und diese dennoch vor Augen des Lesers erstehen ließ, wie im Fall jener Prinzessin von Nassau bei der letzten Matinee im Palais Guermantes. Da genügt ein Marie-Antoinette-Profil, um die herrliche Rose auf dem Porträtbild von Madame Vigée-Lebrun herbeizuzaubern. Blühen und Verblühen der Rosen, der Weißdornhecken, überhaupt der kreatürlichen Gesellschaft: Im Dichtergarten erleben sie eine Auferstehung.

U.V.

Die Dichter behaupten, daß wir für Augenblicke das in uns wiederfinden, was wir einst gewesen sind, wenn wir in ein bestimmtes Haus, einen bestimmten Garten treten, in denen wir unsere Jugend verbracht haben. [1]

Nach dem Abendessen, ach! mußte ich bald Mama verlassen, die blieb, um mit den anderen zu plaudern, bei schönem Wetter im Garten, bei schlechtem in dem kleinen Salon, in den sich dann alle zurückzogen. Alle, außer meiner Großmutter, die fand, es sei »ein Jammer, wenn man auf dem Lande war, in der Stube zu hocken«, und die endlose Diskussionen mit meinem Vater hatte, weil er mich an Tagen, wo es allzusehr regnete, auf mein Zimmer lesen schickte, anstatt mich zum Draußenbleiben zu veranlassen. [2]

Meine Großmutter kam, sogar wenn die allzu große Hitze in schlechtes Wetter umgeschlagen, ein Gewitter oder bloß ein Schauer niedergegangen war, und beschwor mich, ins Freie zu gehen. Da ich aber auf meine Lektüre nicht verzichten wollte, beschloß ich, sie im Garten fortzusetzen, und zwar unter dem Kastanienbaum in einer kleinen Baracke aus Sparterie und Segeltuch, in derem hintersten Winkel ich den Augen der Personen zu entgehen glaubte, die vielleicht meine Eltern besuchten. [3]

Schöne Sonntagnachmittage unter dem Kastanienbaum im Garten von Combray, aus denen ich für meinen Gebrauch so sorgfältig alle mittelmäßigen Züge meiner persönlichen Existenz herausgenommen und durch ein Leben reich an Abenteuern und voll merkwürdiger Unternehmungen inmitten einer von lebendigen Wassern durchströmten Landschaft ersetzt hatte, ihr macht noch einmal diese Vergangenheit lebendig für mich, wenn ich an euch denke, und ihr enthaltet sie ja auch wirklich, da ihr sie – während ich in meiner Lektüre fortfuhr und die Hitze des Tages langsam ermattete – nach und nach umfaßt und in das ständig fortschreitende, langsam sich wandelnde, laubdurchzitterte Kristall eurer schweigenden, klingenden, duftenden, durchscheinenden Stunden eingeschlossen habt.[4]

Endlich sagte dann meine Mutter: »Lauf, bleib nicht ewig hier sitzen, geh in dein Zimmer hinauf, wenn es dir draußen zu heiß ist, aber erst geh einen Augenblick an die Luft, damit du nicht gleich nach Tisch mit Lesen beginnst.« Ich setzte mich dann – neben dem Brunnen, dessen Becken oft wie ein gotischer Taufstein mit einem Salamander verziert war, der mit seinem allegorischen, spindelförmigen Körper auf dem grob bearbeiteten Stein ein bewegliches Relief bildete – auf die Bank ohne Lehne unter einem Fliederstrauch in jenem Gartenwinkel, von dem aus man durch einen Bedientenausgang auf die Rue du Saint-Esprit treten konnte und über dessen wenig gepflegtem Boden sich zwei Stufen erhoben, die in einen hinter der Küche vorspringenden und wie ein selbständiges Gebäude wirkenden Küchenanbau führten. [5]

In meinem Körper schon weniger verhaftet als das Leben der Personen folgte dann, halb vor meine Augen hinprojiziert, die Landschaft, in der die Handlung sich abspielte und die in meinem Denken einen viel größeren Raum einnahm als die andere, jene nämlich, die wirklich vor mir lag, sobald ich meinen Blick von dem Buch hob. [6]

Die Gegend nach Méséglise zu mit ihren Fliederbüschen, den Weißdornhecken, den Kornblumen und dem Mohn, den Apfelbäumen, die Gegend von Guermantes mit dem Fluß, mit Kaulquappen, Seerosen und den Butterblumen haben für alle Zeiten das Antlitz des Landes geprägt, in dem ich leben möchte; dort müßte man vor allem fischen, Kahn fahren, Ruinen mittelalterlicher Befestigungen ansehen und mitten im Getreidefeld, so wie in Saint-André-des-Champs, eine wuchtige, ländliche Kirche antreffen können, die den goldenen Schimmer von reifen Garben hat; und die Kornblumen, der Weißdorn, die Apfelbäume, die ich manchmal, wenn ich reise, auf den Feldern sehe, treten, weil sie auf der gleichen Höhe oder Tiefe mit meiner Vergangenheit gelegen sind, sofort mit meinem Herzen in Verbindung. [7]

Ob nun der schöpferische Glaube in mir versiegt ist oder die Wirklichkeit sich nur aus der Erinnerung formt, jedenfalls kommen mir Blumen, die man mir heute zum erstenmal zeigt, nicht mehr wie richtige Blumen vor.[8]

Ich hatte gelebt wie ein Maler, der einen Weg hinaufgeht, unter dem ein See sich breitet, dessen Anblick ihm ein Vorhang aus Felsen und Bäumen verbirgt. Durch eine Lücke erblickt er ihn; er hat ihn ganz und gar vor sich; er greift zu seinem Pinsel. [9]

Da die Ufer hier sehr waldig waren, gaben die tiefen Schatten der Bäume dem Wasser einen gewöhnlich tiefgrünen Untergrund, nur manchmal, wenn wir in den wieder heiteren Abendstunden nach einem gewittrigen Nachmittag heimkehrten, habe ich ihn in einem hellen, harten, ins Violette spielenden Blau gesehen, das aussah wie Cloisonné und ganz japanisch anmutete. Hier und da rötete sich erdbeerengleich auf der Oberfläche eine Seerosenblüte mit scharlachrotem Herzen und weißer Umrandung. Dann kamen andere Blüten, dichter beieinander, die bleicher, weniger glatt, körniger, faltiger und vom Zufall in so anmutigen Gewinden angeordnet waren, daß man gelöste Moosrosengirlanden im melancholischen Zerflattern nach einer Fête galante glaubte dahinschwimmen zu sehen. An einer anderen Stelle schien eine Ecke für landläufigere Arten ausgespart zu sein, die das saubere Weiß und Rosa von Nachtviolen hatten, frisch gewaschen wie mit hausfraulicher Sorgfalt behandeltes Porzellan, während noch etwas wei-

ter fort, wo sie dicht aneinandergedrängt wie in einer schimmernden Rabatte erblühten, man sie für Stiefmütterchen hätte halten können, die wie Schmetterlinge aus den Gärten hierhergeflattert waren, um ihre bläulichen Flügel auf die durchsichtige Neigung dieses Wasserbeetes zu setzen; auch ein Himmelbeet war es, denn es gab den Blumen einen Untergrund von erlesenerer und eindrucksvollerer Färbung, als die der Blumen selbst es war; und ob es nun am Nachmittag unter den Seerosen das Kaleidoskop eines lebendig wachen, schweigenden und beweglichen Glücks aufschimmern ließ, oder ob es sich zum Abend hin wie ein ferner Hafen mit dem Rosenrot und der Verträumtheit des Sonnenuntergangs füllte, wobei es sich unaufhörlich veränderte und rings um die mit beständigeren Farben getönten Blumenkronen herum stets mit allem in Einklang zu bleiben suchte, was an Tiefstem, an Flüchtigstem, an Geheimnisvollstem – was an Unendlichem – in der Tagesstunde liegt, man glaubte, sie erblühten im Himmel. [10]

Ein paar lautlose Regentropfen fallen auf das uralte Wasser, das aber in göttlicher Kindheit immer den bläulichen Ton des Himmels behält und schnell das Bild von Wolken und Blumen wieder vergißt. [11]

Unmittelbar vor uns führte eine mit Kapuzinerkresse eingefaßte, sonnenbeschienene Allee aufwärts zum Schloß. Zur Rechten hingegen breitete der Park sich vollkommen eben aus. Verdunkelt durch den Schatten großer Bäume, die ihn rings umgaben, lag ein Teich, den Swanns Eltern hatten anlegen lassen; aber auch in seinen künstlichsten Schöpfungen hat es der Mensch

immer noch mit der Natur zu tun; gewisse Stätten stellen immer wieder ihre Eigenherrschaft her und richten inmitten eines Parks ihre Hoheitszeichen genauso auf, wie sie es fern von jedem menschlichen Eingriff getan hätten, in einer Einsamkeit, die sich von allen Seiten her wieder um sie schließt und ihren örtlichen Gegebenheiten gemäß alles Menschenwerk überdeckt. So hatte sich am Anfang des Parkwegs, der oberhalb des künstlichen Teiches verlief, in zwei aus Vergißmeinnicht und Sinngrün geflochtenen Girlanden eine natürliche zartblaue Krone gebildet, die die von Licht und Schatten umspielte Stirn des Wasserbeckens einfaßte, und die Siegwurz, die ihre Schwerter mit königlicher Gelassenheit senkte, erhob über dem Wasserdost und dem im feuchten Grunde wurzelnden Hahnenfuß die violetten und gelben, gefransten Lilienblüten ihres lakustrischen Zepters. [12]

Manchmal ging ich in der Gegend von Guermantes an kleinen Gärten vorbei, an deren niederen feuchten Mauern Trauben dunkler Blüten emporkletterten. Ich blieb dann stehen und glaubte mir etwas Wertvolles aneignen zu können, denn ich meinte ein Stück jener Flußregion vor Augen zu haben, die ich so gern kennenlernen wollte, seitdem ich bei einem meiner Lieblingsschriftsteller auf ihre Beschreibung gestoßen war. [13]

Etwas weiter fort verlangsamt sich der Wasserlauf; er durchquert dort einen Besitz, der für das Publikum geöffnet war dank dem Eigentümer, der sich mit Wasserpflanzenkulturen beschäftigte und in den kleinen Teichen, die die Vivonne hier bildete, wahre Seerosengärten angelegt hatte. [14]

Bald gerät der Lauf der Vivonne durch Wasserpflanzen ins Stocken. Erst tauchten nur vereinzelte auf, wie jene Seerose, der die Strömung, in der sie auf eine höchst unglückliche Weise ihren Standort gewählt hatte, so wenig Ruhe ließ, daß sie wie eine mechanisch betriebene Fähre an das eine Ufer nur anstieß, um gleich darauf an das eben verlassene wieder zurückzukehren, und endlos diese doppelte Überfahrt vollzog. Wenn sie nahe ans Ufer geriet, dehnte, streckte, spannte ihr Stiel sich bis zu seiner äußersten Grenze, bis zum Rand aus, wo ihn die Strömung von neuem erfaßte, das grüne Tauwerk sich zusammenzog und die arme Pflanze bis zu dem zurückführte, was man mit umso größerem Recht als ihren Ausgangspunkt bezeichnen kann, als sie dort keine Sekunde verharrte, sondern sofort wieder zur Wiederholung des gleichen Manövers aufbrach. [15]

Zwischen den Schwertlilien am Uferrand ließen wir uns nieder. Im feiertäglichen Himmel glitt langsam eine müßige Wolke dahin. [16]

»In diesen Wolkenbildungen hier gibt es wundervolle violette und blaue Töne, nicht wahr, mein lieber Freund«, sagte er zu meinem Vater, »ein Blau zumal, das eher blütenhaft als luftgeboren wirkt, ein Zinerarienblau, das am Himmel überrascht. Auch die kleine rosa Wolke da hat doch einen Ton von Nelken oder Hortensien. Sonst habe ich eigentlich nur an der Kanalküste, zwischen der Normandie und der Bretagne, solche ergiebigen Beobachtungen über diese Art von Pflanzenreich innerhalb der

Atmosphäre machen können. In der Nähe von Balbec, in jenen wilden Gegenden, liegt eine kleine Bucht von einer zauberhaften Sanftheit der Stimmung, in der der Sonnenuntergang der Vallée d'Auge, jener rot und goldene Sonnenuntergang, den ich sonst sehr zu schätzen weiß, ausdruckslos und unbedeutend wird; in dieser feuchtwarmen Atmosphäre aber entfalten sich des Abends ganz plötzlich himmlische Blumengebilde in Rosa und Blau, die ganz unvergleichlich sind und oft Stunden brauchen, um endlich zu verwelken. Andere entblättern sich auf der Stelle, und es ist dann noch fast schöner anzusehen, wenn der ganze Himmel weithin von schwefel- und rosenfarbenen Blüten überstreut ist.«[17]

Gerade am Tag zuvor hatte er meine Eltern gebeten, sie möchten mir erlauben, daß ich an jenem Abend mit ihm zur Nacht esse. »Kommen Sie, leisten Sie Ihrem alten Freund Gesellschaft«, hatte er zu mir gesagt. »Wie der Blumenstrauß, den jemand uns von der Reise schickt aus einem Lande, in das wir nie mehr zurückkehren werden, lassen Sie mir aus der Ferne Ihrer Jugend noch einmal den Duft jener Blumen der Lenze zukommen, durch die auch ich vor vielen Jahren gewandelt bin. Kommen Sie mit der Primel, dem Filzkraut, der Butterblume, kommen Sie mit dem Sedum, aus dem der Lieblingsstrauß der Balzacschen Flora besteht, mit der Osterblume, dem Maßliebchen und dem Gartenschneeball, der in den We-

gen Ihrer Großtante zu duften beginnt, wenn der letzte Schnee der österlichen Schauer noch nicht geschmolzen ist. Kommen Sie mit dem ruhmreichen, Salomo würdigen Seidenkleid der Lilie, dem vielfarbigen Email der Stiefmütterchen, kommen Sie aber vor allem mit dem frischen Lufthauch der letzten kühlen Tage, der für die beiden Schmetterlinge, die seit heute morgen vor den Toren harren, die erste Rose von Jerusalem aufwecken wird.«
Zu Hause fragten sie sich, ob man mich dennoch zum Abendessen zu Monsieur Legrandin gehen lassen sollte. [18]

Wir blickten auf das ruhige Meer, auf dem vereinzelte Möwen wie weiße Blütenblätter schwammen. [19]

»Sie haben«, sagte ich, als ich von den Möwen sprach, »die Unbeweglichkeit und das Weiß von Seerosen.« [20]

»Sie sprachen da eben von Seerosen; ich denke dabei an die Ihnen wahrscheinlich bekannten, die Claude Monet gemalt hat. Welch ein Genie!« [21]

So waren jetzt, da die Sonne sich weiter neigte, die Möwen gelb wie die Seerosen auf einem anderen Bild aus der gleichen Serie von Monet. [22]

»Oh, sie fliegen davon«, rief Albertine, indem sie auf die Möwen wies, die einen Augenblick ihr blumenhaftes Inkognito aufgegeben hatten und alle zugleich der Sonne entgegenzogen.[23]

So erlitt der Name Guermantes, seit es ihn überhaupt gab – als die Gesamtheit aller Namen betrachtet, die er in sich begriff und mit sich führte –, in jedem Moment Verluste; aber ebenso nahm er immerfort neue Elemente auf wie jene Gärten, in denen in jedem Augenblick kaum knospende Blüten, im Begriff, die bereits welkenden zu ersetzen, sich innerhalb einer Masse verlieren, die ganz gleichartig scheint, außer in den Augen derjenigen, die die Neuhinzugekommenen nicht von vornherein gesehen haben und in ihrer Erinnerung das deutliche Bild derjenigen aufbewahren, die schon nicht mehr sind.[24]

Nirgends sprießen so viele Blumen, von denen die einen sogar »Vergißmeinnicht« heißen, wie auf einem Friedhof.[25]

Unser parallel verlaufendes Leben war wie jene Parkwege, an denen man in bestimmten Zwischenräumen Blumenvasen symmetrisch, jedoch nicht einander gegenüber, angeordnet findet.[26]

Ich sah in meinem Gedächtnis wieder Gilberte vor mir. Ich hätte das Lichtviereck aufzeichnen können, das die Sonne unter dem Weißdorn beschrieb, die Schaufel, die das kleine Mädchen in der Hand hielt, den langen Blick, den sie auf mich heftete. [27]

In jenem Jahr hatten meine Eltern den Termin unserer Abreise nach Paris etwas vorverlegt; am Morgen des Aufbruchs hatte man mir, weil ich photographiert werden sollte, die Locken gewickelt, mir vorsichtig einen Hut darauf gesetzt, den ich noch nie getragen hatte, und einen Samtkittel angezogen; ich wurde überall gesucht, und schließlich fand mich meine Mutter in Tränen auf dem kleinen steilen Pfad neben Tansonville, wie ich gerade von dem Weißdorn Abschied nahm; mit beiden Armen drückte ich die stacheligen Zweige an mich, und wie eine Tragödien-Fürstin – »die Last des eitlen Schmucks« beklagend und undankbar gegen »die lästige Hand, die durch so vieler Knoten Schlingen mein Haar auf meiner Stirn zu ordnen sich bemüht« – zertrampelte ich mit den Füßen die Lockenwickel, die ich mir aus den Haaren gerissen hatte, und meinen neuen Hut. Meine Tränen rührten meine Mutter nicht, doch angesichts des zertretenen Hutes und der ruinierten Samtjacke konnte sie einen Aufschrei nicht unterdrücken. Ich aber hörte

sie nicht. »Ach du armer kleiner Weißdorn«, schluchzte ich vor mich hin, »du kannst ja nichts dafür, daß ich jetzt fortgehen muß, du hast mir nie Kummer machen wollen, mich nie zwingen wollen abzureisen. Du hast mir nie Schmerzen bereitet! Dich habe ich auch für immer lieb!« Und meine Tränen trocknend gelobte ich ihm, wenn ich erst groß wäre, es nicht so zu machen wie die anderen törichten Leute, und selbst in Paris an Frühlingstagen, anstatt Besuche zu machen und eitles Geschwätz anzuhören, auf das Land zu fahren und die erste Weißdornblüte zu genießen. [28]

Durch die Hecke hindurch sah man im Innern des Parks einen Weg, der mit Jasmin, Stiefmütterchen und Verbenen eingefaßt war, zwischen denen Levkojen ihre taufrischen Täschchen in einem wie altes Korduanleder duftenden und etwas vergilbten Rosa öffneten, während auf dem Kiesweg ein langer grüngestrichener Gartenschlauch in vielen Windungen sich hinzog und aus seinen Öffnungen über den Blumen, deren Duft er durchfeuchtete, den senkrecht aufgestellten, als Prisma wirkenden Fächer seiner in allen Farben spielenden Tröpfchen aufsteigen ließ. [29]

Dann kehrte ich zu dem Weißdorn zurück wie zu einem Kunstwerk, von dem man meint, man könne es besser betrachten, wenn man es einen Augenblick inzwischen nicht angeschaut hat; doch es nützte nichts, daß ich meinen Blick mit den Händen abschirmte, um nichts weiter zu sehen: das Gefühl, das er in mir weckte, blieb dunkel und unbestimmt, versuchte vergebens, sich loszulösen und die Verbindung mit den Blüten einzugehen. Sie halfen mir nicht, es wirklich deutlich zu machen, und von anderen Blumen konnte ich nicht verlangen, dieses Gefühl zu klären. Da aber schenkte mir mein Großvater die Freude, die wir empfinden, wenn wir auf ein Werk unseres Lieblingsmalers stoßen, das von den bekannten verschieden ist, oder wenn man uns vor ein Bild führt, von dem wir bislang nur eine Bleistiftskizze gesehen haben, oder wenn ein Stück, das wir nur auf dem Klavier gehört haben, durch eine Orchesteraufführung seine wahre Vielfarbigkeit erhält, denn er sagte zu mir, indem er auf die Hecke von Tansonville wies: »Du hast doch den Weißdorn so gern, schau her, hier gibt es einen mit rosa Blüten, er ist wirklich hübsch!« Tatsächlich war es auch ein Dornstrauch, doch rosa, noch köstlicher als die weißen. Auch er war geschmückt wie für ein Fest (…), aber noch reicher, denn die Blüten, die an den Zweigen so dicht übereinanderstanden, daß sie wie die Pompons an einem Rokokohirtenstab keine Stelle ungarniert ließen, waren »farbig« und somit von besserer Qualität nach den Gesetzen der Ästhetik von Combray, jedenfalls nach der Staffelung der Preise im »Warenhaus« am Platz oder bei Camus zu schließen, wo rosa Kekse teurer waren als andere.[30]

Und tatsächlich hatte ich, wie vor dem Weißdorn, nur mit noch größerem Entzücken gespürt, daß das festtägliche Bestreben in den Blüten sich nicht künstlich, nicht durch einen Kunstgriff menschlicher Herstellung kundtat, sondern daß sie von der Natur selbst, als sie den Strauch mit diesen Rosetten von allzu liebenswürdiger Tönung und allzu provinziellem Pompadour-Stil überlud, mit der Naivität einer Dorfkrämerin, die einen Fronleichnamsaltar zubereitet, zum Ausdruck gebracht wurde. Oben an den Zweigen sproßten in überwältigender Fülle, ähnlich den kleinen Rosenstöcken in ihrer Manschette aus Spitzenpapier, deren zarten Farbtupferregen bei großen Festen man auf dem Altar aufleuchten ließ, tausend kleine Knospen von blasserem Ton, die, wenn sie sich ein wenig öffneten, wie auf dem Grund einer Schale aus rosa Marmor eine Art Rötelzeichnung sehen ließen und die, mehr noch als die ganz offenen Blüten, die besondere, unwiderstehliche Wesensart dieser Gattung verrieten, die überall, wo sie Knospen trieb und ihre Blüten öffnen wollte, es nur »in Rosa« tun konnte. Eingefügt in die Hecke, und doch ebenso verschieden von ihr wie ein junges Mädchen im Festgewand von Personen im Négligé, die zu Hause bleiben, bereit für die Maiandacht, zu der er schon zu gehören schien, erstrahlte lächelnd, in seinem frischen rosa Gewand, der katholische, köstliche Strauch.[31]

Ich erinnere mich, daß ich bei der Maiandacht angefangen habe, den Weißdorn zu lieben. Er schmückte nicht einfach die Kirche, diesen so heiligen Ort, zu dem wir jedoch Zutritt hatten; unzertrennlich verwoben mit den Mysterien, an deren Zelebration er teilhatte, blühte er vielmehr auch direkt auf dem Altar, wo er inmitten der Leuchter und heiligen Gefäße seine horizontal miteinander verbundenen Zweige ausbreitete: eine festliche Appretur, verziert durch die Festons ihres Laubes, das einer Brautschleppe gleich mit kleinen Sträußen von leuchtend weißen Knospen übersät war. Auch wenn ich sie nur verstohlen anzublicken wagte, spürte ich doch, daß diese feierlichen Zurüstungen lebendig waren und daß die Natur selbst, als sie die Einschnitte in den Blättern schuf und zuletzt die Verzierung dieser weißen Knospen hinzufügte, eine würdige Ausschmückung bereitet hatte für das, was zugleich ein Volksfest und eine mythische Feier war. Weiter oben öffneten sich hier und da mit unbekümmerter Grazie ihre Krönchen, und wie einen zuallerletzt angebrachten, duftigen Putz trugen sie das Sträußchen der Staubgefäße, die, fein wie Marienfäden, sie rundum verschleierten, auf eine derart ungezwungene Weise, daß ich, als ich in meinem Innern der Gebärde ihres Aufblühens zu folgen, sie nachzuahmen versuchte, mir sie als die leichtfertige, rasche Kopfbewegung, den koketten Blick, die verengten Pupillen eines unbeteiligten, lebhaften jungen Mädchens in Weiß vorstellte. Vinteuil und seine Tochter hatten sich neben uns gesetzt.[32]

Als ich beim Verlassen der Kirche vor dem Altar die Knie beugte, spürte ich plötzlich, als ich mich wieder erhob, von den Weißdornzweigen her einen bittersüßen Mandelduft und erkannte gleichzeitig auf den Blüten kleine gelbliche Stellen, unter denen ich mir jenen Duft verborgen dachte wie unter den überbackenen Teilen eines Mandelcremetörtchens oder unter ihren Sommersprossen den der Wangen von Mademoiselle Vinteuil. Trotz der schweigenden Unbeweglichkeit des Weißdorns war dieses aussetzende und wiederkehrende starke Duften wie das Weben eines intensiven Lebens, von dem der Altar zu beben schien wie eine ländliche Hecke unter lebendig tastenden Fühlfäden, an die man beim Anblick mancher beinahe rotblonder Staubgefäße dachte, die das frühlingshafte Überschäumen und die aufreizende Kraft von Insekten zu haben schienen, die jetzt in Blüten verwandelt waren.[33]

Die Hecke bildete gleichsam eine Folge von Kapellen, die unter dem Schmuck der wie auf Altären dargebotenen Blüten verschwanden; unter ihnen zeichnete die Sonne auf den Boden ein lichtes Gitterwerk, so als fiele ihr Schein durch ein Kirchenfenster, ihr Duft strömte sich so weich und in seiner Eigenart so deutlich bestimmt aus, als ob ich mich vor dem Altar der Muttergottes befunden hätte, und die genauso geschmückten Blüten trugen eine jede mit gleicher unbeteiligter Miene ihr schimmerndes

Sträußchen aus Staubgefäßen, feine glitzernde Rippen im spätgotischen Stil wie die, die in der Kirche das Gitter des Lettners durchzogen oder die Kreuze der Buntglasfenster, die aber hier die weiße sinnliche Fülle von Erdbeerblättern hatten.[34]

Plötzlich blieb ich mitten auf dem kleinen Hohlweg stehen, tief im Herzen berührt von einer süßen Kindheitserinnerung: Ich hatte eben an den gezähnten, glänzenden Blättern, die sich vor den Eingang des Pfades schoben, einen leider schon seit Frühlingsende abgeblühten Weißdornbusch erkannt. Um mich webte eine Atmosphäre von ehemaligen Maiandachten, sonntäglichen Nachmittagen, von vergessenem Glauben und vergessenen Irrungen. Ich hätte sie gerne festgehalten. Ich blieb einen Augenblick stehen, und in bezaubernd verständnisvoller Weise ließ Andrée mich eine Weile im Zwiegespräch mit den Blättern des Strauches. Ich fragte diese nach den Blüten, jenen Weißdornblüten, die übermütigen, koketten und zugleich frommen jungen Mädchen so ähnlich sind. »Die jungen Damen sind schon lange fort«, antworteten mir die Blätter. Und sie dachten vielleicht dabei, daß ich, der ich mich als ihr großer Freund ausgab, dafür recht schlecht über ihre Gewohnheiten Bescheid wisse. Ein großer Freund, der sie aber seit vielen Jahren nicht wiedergesehen hatte trotz aller Versprechungen. Und dennoch, wie Gilberte meine erste Liebe zu einem jungen

 Mädchen gewesen ist, waren sie meine erste Liebe zu einer Blume gewesen.[35]

»Sie wissen vielleicht nicht, mein lieber Freund«, schrieb sie mir, »daß ich seit zwei Jahren schon in Tansonville lebe. Ich bin zur gleichen Zeit mit den Deutschen angekommen.«[36]

»Die Schlacht bei Méséglise hat mehr als acht Monate gewährt, die Deutschen haben dort mehr als sechshunderttausend Mann verloren, sie haben Méséglise zerstört, aber nicht eingenommen. Der kleine Pfad, den Sie so sehr liebten und den wir immer den Weißdornpfad nannten – Sie behaupteten damals, in Ihrer Kindheit hätten Sie sich dort in mich verliebt, während ich Ihnen doch wahrhaftig versichern kann, daß ich in Sie verliebt gewesen bin –, hat eine Bedeutung erlangt, die ich gar nicht in Worte fassen kann. Das riesige Kornfeld, an das er stößt, ist die berühmte Kote 307, deren Namen Sie immer wieder in den Frontberichten finden konnten. Die Franzosen haben die kleine Brücke über die Vivonne gesprengt, die, wie Sie sagten, Sie nicht ganz so sehr in Ihre Kindheit zurückgeführt hat, wie Sie es sich wünschten, doch die Deutschen haben andere geschlagen; eineinhalb Jahre lang hatten sie die eine Hälfte von Combray besetzt, und die Franzosen hielten die andere.«[37]

Wenn an Sommerabenden der harmonische Himmel grollt wie ein wildes Tier und alle anderen dem nahen Gewitter gram sind, dann verdanke ich es der Gegend von Méséglise, wenn ich allein in Ekstase verharre, um beim Rauschen des niedergehenden Regens den Duft von unsichtbarem, beständigem Flieder einzuatmen.[38]

Doch was machte schon der Regen, was machten die Gewitter aus! Im Sommer ist das schlechte Wetter nur eine vorübergehende, oberflächliche Laune des darunter fest und beständig weiterlaufenden schönen Wetters, das, ganz verschieden von dem unbeständigen flüchtigen schönen Wetter des Winters, sich indessen fest auf der Erde niedergelassen hat in den dichten Blättern, von denen der Regen abtropfen kann, ohne sie in ihrem zäh beständigen Glück zu treffen, und das für die ganze Jahreszeit bis in die Dorfstraßen hinein an den Mauern der Häuser und Gärten seine Wimpel aus violetter und weißer Seide aufgehängt hat. In dem kleinen Salon sitzend, in dem ich die Stunde vor dem Abendessen mit meiner Lektüre verbrachte, hörte ich, wie das Wasser von unseren Kastanienbäumen tropfte, aber ich wußte, daß der Regenschauer ihre Blätter nur mit glänzender Nässe überzog, daß sie aber doch mit Sicherheit dableiben würden als Unterpfand des Sommers während der ganzen

Regennacht, um die Beständigkeit des schönen Wetters zu garantieren; daß es ruhig regnen mochte, da morgen doch über dem weißen Gatter von Tansonville in so großer Zahl wie zuvor kleine herzförmige Blätter wogen würden; und ohne Trauer sah ich die Pappel in der Rue des Perchamps dem Unwetter mit verzweifelten und flehentlichen Gebärden begegnen; ohne Trauer auch hörte ich in der Tiefe des Gartens den letzten Nachhall des Donners in den Fliederbüschen gurren.[39]

Wenn ich den Kopf hob, sah ich manchmal junge Mädchen an den Fenstern; doch sogar im Freien, in der Höhe eines niederen Stockwerks wiegten sich hier und da, beweglich und leicht in ihrem frischen lila Kleid, im Blätterwerk schwebend, junge Fliederbüschel im leichten Lufthauch, ohne auf den Vorübergehenden zu achten, der den Blick zu ihrem Zwischenstock aus Laub erhob. Ich erkannte in ihnen die violetten Knäuelchen, die am Eingang von Swanns Park gleich hinter dem weißen Zaun, an warmen Frühlingsnachmittagen für einen entzückenden rustikalen Webteppich bereitstanden.[40]

Bevor wir dorthin gelangten, strömte uns schon der jeden Näherkommenden begrüßende Duft seiner Flieder entgegen. Die Flieder selbst streckten zwischen den frischen grünen Herzchen der Blätter ihre violetten oder weißen Helmbüsche, auf denen selbst im Schatten noch die Sonne zu flimmern schien, in der sie gebadet hatten, neugierig über das Gatter. Einige von ihnen, die halb hinter dem kleinen Ziegelhaus, dem sogenannten Bogenschützenhaus, in dem der Parkwächter wohnte, verborgen blieben, schauten mit ihrem rosa Minarett über den gotischen Giebel hinweg. Frühlingsnymphen hätten plump gewirkt neben den jungen Huris, die in diesem französischen Garten die klaren, lebendigen Farben persischer Miniaturen in sich verkörperten. Trotz meines Verlangens, ihre schlanke Gestalt zu umfangen, die mit Sternen besetzten Locken ihrer duftenden Häupter an mich heranzuziehen, gingen wir weiter, ohne zu verweilen, denn meine Eltern besuchten Tansonville nicht mehr seit der Heirat Swanns, und damit es nicht so aussah, als wollten wir in den Park hineinschauen, schlugen wir anstatt des Weges, der an der Einfriedung entlang unmittelbar in die Felder führte, einen anderen ein, der gleichfalls, aber von der Seite her und erst an einem späteren Punkt in sie einmündete. [41]

Die Fliederzeit ging ihrem Ende zu; einzelne Zweige ließen noch auf hohen malvenfarbenen Leuchtern die zarten Bläschen ihrer Blüten leuchten, doch in vielen Partien des Laubwerks, wo sie vor einer Woche ungefähr noch duftend aufgeschäumt waren, welkten sie jetzt als schrumpfendes, nachgedunkeltes, hohles, trockenes, duftlos gewordenes Gekräusel dahin. [42]

Es war ein altes Dorf, und vor seinem bejahrten, gleichsam gebrannten und vergoldeten Rathaus standen wie Maibäume oder Fahnenstangen drei große Birnbäume, mit weißem Satin galant beflaggt, als wäre es für ein lokales Bürgerfest.[43]

Diese Dörfer in der Umgebung von Paris haben vor ihren Toren die Parkanlagen des siebzehnten und achtzehnten Jahrhunderts noch bewahrt, die die »Folien« der Intendanten und Favoritinnen waren. Ein Gärtner hatte einen davon, der unterhalb der Landstraße lag, zur Kultur von Obstbäumen nutzbar gemacht (oder vielleicht einfach den Plan eines riesigen Obstgartens aus jener Zeit beibehalten). Diese auf Lücke gesetzten Birnbäume, die weiter auseinander standen und in der Blüte weniger fortgeschritten waren als die, die ich bisher gesehen hatte, bildeten große – durch niedere Mauern abgetrennte – Vierecke weißer Blüten, auf deren einzelnen Seiten das Licht sich in unterschiedlicher Art spiegelte, so daß all diese dachlosen, Wind und Wetter ausgesetzten Gemächer wie die eines Sonnenpalastes wirkten, den man auf irgendeinem fernen Kreta hätte antreffen können; man dachte an die Kammern eines Reservoirs oder gewisser Anlagen am Meerufer, die der Mensch für Fisch- oder Austernzucht einrichtet, wenn das Licht je nach Lage auf den Spalieren spielte wie auf frühlingshaften Gewässern und hier und da zwischen dem durchbrochenen, azurerfüllten Gitterwerk der Äste die weißglitzernde Gischt einer sonnendurchfluteten, schäumenden Blüte anbranden ließ. [44]

Als wir Paris hinter uns gelassen hatten, wo trotz des beginnenden Frühlings die Bäume an den Boulevards noch kaum die ersten Blätter zeigten, und die Ringbahn uns, Saint-Loup und mich, in dem Dorf absetzte, wo seine Geliebte wohnte, ergriff uns ein wahrer Rausch beim Anblick all der Gärtchen, die mit den riesigen weißen Ruhealtären der blühenden Obstbäume beflaggt waren. Es war wie eines jener besonderen, poetischen, flüchtigen und lokalen Feste – in diesem Fall ein von der Natur gegebenes Fest –, deren Besucher an bestimmten Tagen des Jahres von weit her anreisen. Die Kirschblüten haften wie ein weißes Futteral so eng an den Zweigen, daß man von weitem zwischen den noch kaum blühenden und kaum belaubten Bäumen an diesem sonnigen, aber noch so kalten Tag hätte glauben können, dort mache sich, nachdem er anderswo geschmolzen war, der Schnee noch zu schaffen. Die großen Birnbäume dagegen hüllten jedes Haus, jeden bescheidenen Hof in üppigeres, dichteres und leuchtenderes Weiß, ganz als begingen alle Behausungen und Gehöfte des Dorfes am selben Tag ihre Erstkommunion. [45]

Robert sah mir an, daß ich bewegt war. Ich wandte den Blick den Birn- und Kirschbäumen des gegenüberliegenden Gartens zu, damit er glaube, ich sei von ihrer Schönheit gerührt. Tatsächlich rührte sie mich auf etwas ähnliche Weise, auch sie legte mir solche Dinge nahe, die man nicht nur mit den Augen sieht, sondern im Herzen fühlt. Als ich jene Bäume in dem Garten für fremde Götter hielt, hatte ich mich da nicht getäuscht wie Maria Magdalena, die in einem anderen Garten an einem Tag des Jahres, der bald wiederkehren sollte, eine menschliche Gestalt sah und »glaubte, es sei der Gärtner«? Wächter über Erinnerungen des goldenen Zeitalters, Bürgen der Verheißung, daß die Wirklichkeit nicht sei, was man glaubt, daß der Glanz der Poesie und das wunderbare Strahlen der Unschuld darin aufleuchten und zur Belohnung werden können, die wir zu verdienen uns bemühen werden – waren die großen weißen Geschöpfe, die sich wunderbar neigten, um dem Ruhen, Fischen oder Lesen Schatten zu spenden, nicht vielmehr Engel? [46]

Wir durchquerten das Dorf. Die Häuser waren schmutzig. Doch noch neben den elendesten, denen, die aussahen, als seien sie von einem Salpeterregen verbrannt, stand ein geheimnisvoller Wanderer, der einen Tag an dieser vom Fluch getroffenen Stätte verweilte, ein strahlender Engel, der weithin über sie den blendenden

Schutz seiner in Unschuld blühenden Flügel breitete: es war ein Birnbaum. [47]

Ich schlug einen Fußweg ein, der zu einer Wiese führte. Ein kühler Wind wehte dort, so lebhaft wie in Combray; doch inmitten der fetten, feuchten und ländlichen Erde, die am Ufer der Vivonne hätte sein können, war nichtsdestoweniger, pünktlich zur Verabredung wie die Schar seiner Gefährten, ein großer weißer Birnbaum erschienen, der lächelnd gleich einem Vorhang aus stofflich und greifbar gewordenem Licht seine im Wind zuckenden, doch von den Strahlen silbrig überzogenen und geglätteten Blüten der Sonne entgegenstreckte. [48]

Wie oft habe ich in Paris im Mai des folgenden Jahres mir einen Apfelblütenzweig im Blumenladen gekauft und dann die ganze Nacht vor seinen Blüten gesessen, in denen die gleiche rahmige Substanz aufquoll, wie sie auch die Blattknospen mit ihrem Schaum überzog, und zwischen deren weißen Krönchen man hätte meinen können, der Händler habe – aus Freigebigkeit gegen mich oder aus erfinderischer Freude an sinnreichen Kontrasten – auf jeder Seite eine zusätzliche, passende rosa Blütenknospe hinzugefügt; ich schaute sie an, ließ sie unter der Lampe posieren – so lange, daß ich oft noch mit ihnen beschäftigt war, wenn schon die Morgenröte sie mit dem rosigen Hauch versah, den sie im selben Augenblick in Balbec haben mochten – und suchte sie kraft meiner Phantasie wieder an jenen Weg zurückzuversetzen, sie zu vervielfältigen, in dem vorbereiteten Rahmen auf die gerüstete Leinwand jener Obstgärten aufzutragen, an deren Zeichnung ich mich so gut erinnerte und die ich so gern hätte wiedersehen mögen, was eines Tages auch geschah, zu jenem Zeitpunkt, da der Frühling mit der entzückenden Raffiniertheit des Genies seine Farben auf ihren Kanevas stickt.[49]

In symmetrischen Abständen öffneten zwischen der einzigartigen Ornamentik ihrer Blätter, die denen keines anderen Obstbaums gleichen, die Apfelbäume ihre großen Blütenblätter aus weißer Seide oder zeigten die schüchternen Sträußchen sich rötender Knospen. In der Gegend von Méséglise habe ich zum ersten Mal bemerkt, daß Apfelbäume einen runden Schatten auf den besonnten Boden werfen, und auch jenes ungreifbare goldene Seidengespinst zum ersten Mal gesehen, das die sinkende Sonne beim schrägen Einfall unter den Blättern schafft und das ich meinen Vater oft mit seinem Spazierstock durchschlagen sah, ohne daß es sich jemals verschob.[50]

Wir fuhren an; es ging am Bahnhof vorbei, und dann, nach einer Weile, bogen wir in einen ländlichen Weg ein, der mir – von der Abzweigung, wo er zwischen bezaubernden Obstgärten begann, bis zur beidseits von

 Ackern gesäumten Kurve, wo wir ihn verließen – bald ebenso vertraut wurde wie jener von Combray. Auf den Feldern tauchten vereinzelt Apfelbäume auf, die freilich ihre Blüten verloren hatten und nur noch Büschel von griffelbesetzten Fruchtknoten trugen, aber dennoch genügten, um mir ein Gefühl der Beglückung zu geben, denn ich erkannte an ihnen die unvergleichlichen Blätter, über deren Fläche wie über den Teppich einer für ein nun freilich verrauschtes Hochzeitsfest errichteten Estrade noch eben die weiße Seidenschleppe der zart errötenden Blüten hinweggeglitten war.[51]

Doch sobald ich auf der Landstraße angekommen war, stand ich wie geblendet. Da, wo ich mit meiner Großmutter zusammen im August nur Blätter und gleichsam den geometrischen Ort von Apfelbäumen gesehen hatte, standen sie jetzt, soweit das Auge reichte, in voller, unerhört luxuriöser Blüte, mit den Füßen im Schmutz, jedoch in Balltoilette und ohne alle Vorsichtsmaßregel, um nicht den herrlichsten rosafarbenen Satin zu ruinieren, den man jemals gesehen hat und der in der Sonne schimmerte; der ferne Horizont des Meeres bildete für die Apfelbäume einen Hintergrund wie auf einem japanischen Holzschnitt; wenn ich den Kopf hob, um den Himmel zwischen den Blüten zu betrachten, die sein Blau heiterer, fast ungestüm erscheinen ließen, sah es aus, als schöben sie sich leicht auseinander, um die ganze Tiefe dieses Paradieses den Blicken zu öffnen. Unter so viel Azurbläue brachte ein leichter, aber kühler Wind die sich rötenden Blütensträußchen leise zum Erschauern. Blaumeisen setzten sich auf die Zweige und hüpften zwischen den Blüten hin und her, die so nachgiebig stillhielten, als habe ein Liebhaber exotischer Dinge und Farben diese lebendige Schönheit künstlich hergestellt. Diese aber rührte gerade deshalb zu Tränen, weil sie, so weit sie in ihren Effekten raffinierter Kunstfertigkeit ging, dennoch spüren ließ, daß sie natürlich war, daß diese Apfelbäume dort auf freiem Feld wie Bauern auf einer großen französischen Landstraße standen. Dann folgten auf die Strahlen der Sonne plötzlich Regenstreifen; sie schraffierten den ganzen Horizont und woben die Reihe der Apfelbäume in ihr graues Netzwerk ein. Diese aber trugen weiter blühende, rosige Schönheit zur Schau in dem eisig gewordenen Wind und unter dem Platzregen, der herniederrauschte; es war ein Frühlingstag.[52]

Nichts wird man weniger leid als diese Umsetzung der Farbe in einen Geschmack, wenn eine Frucht durch das Einkochen noch einmal zur Jahreszeit der Blüte zurückzukehren scheint. Purpurn erglühend wie ein Obstgarten im Frühling oder kühl und farblos wie der Zephir unter den Blütenbäumen, läßt der Duft sich darin gleichsam destilliert einatmen und betrachten (…).[53]

 Phantome, verfolgt, vergessen, von neuem aufgesucht, manchmal nur um einer einzigen Begegnung willen und um an ein unwirkliches Dasein zu rühren, das sich auf der Stelle wieder verflüchtigte, erfüllten die Wege von Balbec. Wenn ich daran dachte, daß ihre Bäume, die Birnbäume, Apfelbäume, Tamarisken, mich überleben würden, meinte ich von ihnen den Rat zu empfangen, mich endlich an die Arbeit zu machen, solange die Stunde der ewigen Ruhe noch nicht gekommen war.[54]

Manchmal, wenn der Wagen eine ansteigende Straße zwischen bestellten Feldern erklomm, sah man am Weg hier und da ein paar zögernde Kornblumen auftauchen, die ganz denen in Combray glichen und dadurch die Äcker wirklicher werden ließen, ihnen eine Echtheitsgarantie hinzufügten, wie das kostbare Blümchen, mit dem gewisse alte Meister ihre Bilder signierten. Bald trugen uns unsere Pferde von ihnen fort, doch ein paar Schritte weiter trafen wir eine andere an, die in Erwartung unseres Kommens ihren blauen Stern aus dem Gras reckte; manche stellten sich keck an den Straßenrand; da war es ein richtiger Sternennebel, den meine fernen Erinnerungen und diese so zutraulich nahen Blumen bildeten.[55]

Als aber Gilberte einmal für mich Phantasievorstellungen berichtigte, die ich auf dem Weg nach Méséglise in mir bewegt hatte, so geschah das auf einem jener Spaziergänge, die schon eher nächtliche Wanderungen waren, obwohl sie vor dem Diner stattfanden – wir aßen ja bei ihr erst so spät! In dem Augenblick, da wir uns in die geheimnisvolle Tiefe eines schön geformten Tals begaben, das mondlichtübergossen dalag, hielten wir einen Augenblick inne wie zwei Insekten, bevor sie in das Innere eines bläulichen Blütenkelches tauchen.[56]

»Ja, es gibt gewisse Insekten, die es übernehmen, wie bei Fürstlichkeiten eine Heirat durch Prokuration zustande zu bringen, ohne daß Bräutigam und Braut sich jemals gesehen haben. Ich kann versichern, daß ich meinem Diener immer wieder ans Herz lege, die Pflanze so viel wie möglich ans Fenster zu stellen, einmal nach dem Hof, einmal nach der Gartenseite zu, immer in der Hoffnung, daß das unerläßliche Insekt einmal kommt. Aber das müßte ein großer Zufall sein. Stellen Sie sich vor, das Insekt muß dazu gerade einer Person der gleichen Gattung, aber des anderen Geschlechts einen Besuch gemacht haben und dann auf den Gedanken kommen, in unserem Haus seine Karte abzugeben. Bis jetzt ist es nicht erschienen, ich glaube, meine Pflanze trägt ihr Kränzlein noch in Ehren, ich muß aber offen sagen, etwas mehr Schamlosigkeit freute mich mehr.«[57]

»Es scheint vielmehr, als passierte schon hier in meinem winzigen Garten bei hellichtem Tag mehr Ungehöriges als nachts ... im Bois de Boulogne! Nur merkt man nicht so viel davon, weil sich zwischen Blumen das alles sehr einfach vollzieht, man sieht nur einen kleinen orangefarbenen Regen oder eine stark bestäubte Fliege, die ihre Füßchen abwischt oder eine Dusche nimmt, bevor sie in einen Blütenkelch eindringt. Damit ist alles vollzogen!«[58]

»Da muß ich Eurer Königlichen Hoheit sagen, daß Swann mir immer viel von Botanik erzählt hat. Manchmal, wenn es uns zu langweilig war, zu einem Tee oder einer Nachmittagsaufführung zu gehen, sind wir aufs Land gefahren, und er zeigte mir dort ganz außerordentliche Blumenhochzeiten, was viel lustiger ist als die Hochzeiten der Menschen und ohne Lunch und ohne Sakristei stattfindet.«[59]

Die Kirche! (…) So hatten zum Beispiel die Fuchsienstöcke vor Madame Loiseaus Fenster die leidige Angewohnheit, ihre hängenden Zweige nach allen Seiten auszusenden, und die Blüten hatten dann nichts Eiligeres zu tun als, sobald sie groß genug dazu waren, ihre hochrot angelaufenen lila Backen an der dunklen Kirchenfront zu erfrischen; niemals aber wurden die Fuchsien in meinen Augen dadurch von dem sakralen Charakter der Kirche miterfaßt; nahm mein Blick zwischen den Blumen und dem geschwärzten Stein, an den sie sich schmiegten, keinen Abstand wahr, so beließ doch mein Geist zwischen ihnen eine tiefe Kluft.[60]

Gleich an dem unserer Ankunft folgenden Tag, am Ostermorgen, nach der Predigt, lief ich, wenn schönes Wetter war, um in der gelockerten Ordnung eines großen Festtages, an dem, gemessen an den großartigen Vorbereitungen, ein paar noch herumliegende Haushaltsgegenstände um so werktäglicher erschienen, den Fluß anzuschauen, der schon in reinstem Himmelsblau die noch schwarzen und kahlen Fluren durchzog, begleitet nur von einer Schar vorzeitiger Kuckucksblumen und verfrühter Primeln, während hier und da ein Veilchen mit blauem Schnabel seinen Stengel unter der Last eines Dufttropfens niedersinken ließ, der an seinem Sporn hing. Der Pont-Vieux mündete auf einen Treidelweg, an dem sich im Sommer an dieser Stelle das blaue Blätterwerk eines Haselstrauchs gleich einem Wandteppich ausbreitete; darunter schien ein Fischer mit Strohhut Wurzel geschlagen zu haben. [61]

Sie waren sehr zahlreich an dieser Stelle, die sie für ihre Rasenspiele ausgewählt hatten, allein, zu zweien, in Gruppen, eidottergelb und umso strahlender, schien mir, als ich das Vergnügen, das ich bei ihrem Anblick empfand, nicht zu einer Anwandlung von Eßlust hin umleiten konnte, sondern einzig auf ihre goldene Oberfläche konzentrieren mußte, bis es schließlich zu etwas wie zweckloser Schönheit wurde; dieses Gefühl hatte ich schon in meiner frühesten Kindheit gehabt, wenn ich vom Weg aus die Arme nach ihnen ausstreckte, bevor ich noch ihren hübschen Namen »Bouton-d'Or« buchstabieren konnte, der wie der eines Prinzen aus einem französischen Märchen klingt; vielleicht waren sie vor Jahrhunderten schon aus Asien zu uns gekommen, hatten sich

aber dann für immer, zufrieden mit dem bescheidenen Horizont, im Dorfe heimisch gemacht, genossen die Sonne und ihren Uferplatz, hielten treu zu der kleinen

 Bahnhofsansicht und behielten dennoch wie manche alten Bilder bei aller volkstümlichen Schlichtheit einen zarten Schimmer von orientalischer Poesie.[62]

Ein einfaches Frühstückshörnchen, das wir selbst essen, bereitet uns mehr Vergnügen als alle Schnepfen, Junghasen und Steinhühner, die Ludwig XV. vorgesetzt bekam, und das Grashälmchen, das ein paar Zentimeter vor unseren Augen im Wind flattert, wenn wir uns auf einem Berg gelagert haben, kann uns den schwindelnden Grat eines Gipfels verdecken, der sich in einer Entfernung von ein paar Meilen erhebt.[63]

Es blies ein Wind, der die wilden Gräser in der Mauerwand waagrecht zur Seite zerrte, nicht anders als die Flaumfedern des Huhns; und mit der Gelöstheit träger, leichter Dinge ließen sich Gräser und Federn vom Wind ihrer ganzen Länge nach dehnen.[64]

Durch das Trocknen hatten sich die Stengel zu einem eigentümlichen Gitterwerk zusammengerollt, in dessen Geflecht sich die blassen Blüten öffneten, als habe ein Maler sie angeordnet, sie auf die dekorativste Weise Modell sitzen lassen, wie es ihm am reizvollsten schien. Die Vorblätter hatten ihr eigentliches Aussehen verloren oder verändert, sie glichen jetzt den verschiedensten Dingen, einem durchsichtigen Insektenflügel, der weißen Rückseite eines Etiketts, einem Rosenblatt, alle waren jedoch zusammengeballt, gepreßt oder verflochten wie beim Bau eines Nestes. In tausend kleinen überflüssigen Einzelheiten – sie stellten eine reizvolle Verschwendung von seiten des Apothekers dar –, die bei einer künstlichen Herstellung ausgeblieben wären, erkannte ich, wie wenn man in einem Buch verblüfft auf den Namen eines persönlich Bekannten stößt, mit Vergnügen, daß es tatsächlich Stengel von wirklichen Lindenblüten waren, genau wie die an den Bäumen der Avenue de la Gare, freilich verändert gerade deshalb, weil sie keine Nachahmungen waren, sondern sie selbst, nur älter geworden. Und da jedes neue Merkmal daran nur die Metamorphose eines alten Merkmals war, erkannte ich in den kleinen grauen Kügelchen die grünen Knospen wieder, die nicht zur Entwicklung gekommen waren; der rosige, mondscheinzarte Schimmer aber, mit dem die Blüten sich aus dem zerbrechlichen Gewirr der kleinen Stengel heraushoben, in dem sie wie kleine Goldröschen hingen – ein Zeichen, ähnlich dem helleren Schein, der an einer Hauswand noch die Stelle andeutet, an der sich eine jetzt verwischte Freskomalerei befand, für den Unterschied zwischen den »in Farbe« ausgeführten Teilen des Baums und denen, die es nicht waren –, zeigte mir besonders deutlich an, daß diese Blütenblätter wirklich die gleichen waren, die, bevor sie den Beutel des Apothekers füllten, an Frühlingsabenden die Luft mit ihrem Duft durchhauchten. Dieses wachsrosa Leuchten war noch ihre Farbe, freilich halb erloschen und gedämpft in dieser Art von vermindertem Leben, das sie nun führten und das so etwas wie eine Blumendämmerung ist.[65]

Wieviel naiver und bäuerlicher wirkten im Vergleich dazu die Heckenrosen, die in wenigen Wochen im vollen Sonnenschein den gleichen ländlichen Weg erklimmen würden, mit der glatten Seide ihres rötlichen Mieders bekleidet, das der leiseste Hauch zerflattern macht.[66]

Endlich begann ein schlichtes Bauerngärtchen vor dem Schloß anstelle der Teppichbeete zu entstehen, die den Stolz nicht nur der Cambremers, sondern auch ihres Gärtners gebildet hatten. Dieser, der die Cambremers als seine einzigen Herren betrachtete und unter dem Joch der Verdurins seufzte, als sei der Besitz vorübergehend von einem Eroberer und seinem Landsknechtshaufen okkupiert, trug insgeheim seine Klagen zu der entrechteten Eigentümerin und empörte sich über die Verachtung, die seinen Araukarien, seinen Begonien, dem Hauswurz und den gefüllten Dahlien zuteil geworden waren, sowie darüber, daß man auf einem so reichen Besitztum derart gewöhnliche Blumen wie Kamille und Venushaar wachsen ließ.[67]

Bescheiden erzählte sie von dem kleinen »Pfarrgärtchen«,

das hinter dem Hause gelegen sei und das sie jeden Morgen direkt durch ein Pförtchen aufsuche; sie begebe sich noch im Morgenkleid dorthin, um die Pfauen zu füttern, nach frischgelegten Eiern zu sehen und Zinnien oder Rosen zu schneiden, um auf der Tafel nachher für die Œufs à la crème oder die Fritüre eine Blumenbordüre zu haben, die sie an ihre Gartenwege erinnerte. »Es stimmt, daß wir viele Rosen haben«, sagte sie, »unser Rosengarten ist fast zu nahe beim Wohnhaus; es gibt Tage, wo mir das Kopfschmerzen macht. Da ist es angenehmer auf der Terrasse von La Raspelière, zu der der Wind den Rosenduft trägt, aber doch nicht mehr in so betäubender Stärke.«[68]

»Tatsächlich aber mag ich sie nicht sehr. Ich bin sehr empfindlich bei Namen, und sobald eine Rose einigermaßen schön ist, erfährt man, daß sie *Baronin Rothschild* oder *Maréchale Niel* heißt, was stark abkühlend wirkt.«[69]

An jenem Spätnachmittag hatte Madame de Guermantes mir, weil sie wußte, daß ich ihn liebte, Jasmin aus dem Süden Frankreichs geschenkt. Als ich nach meinem Besuch bei der Herzogin wieder zu mir hinaufging, war Albertine schon heimgekehrt; ich begegnete auf der Treppe Andrée, und der so überaus starke Duft der Blumen schien ihr lästig zu fallen. (…)
»Sie mag übrigens starke Gerüche nicht gern, sie wird nicht gerade entzückt sein über Ihren Jasmin.« – »Ach,

dann war das allerdings kein guter Gedanke von mir! Ich werde Françoise sagen, sie soll ihn auf dem Vorplatz der Hintertreppe einstellen.« – »Glauben Sie nur nicht, daß Albertine nicht an Ihnen selbst noch den Jasmingeruch spüren wird. Neben dem Duft der Tuberose ist dieser vielleicht der allernachhaltigste.«[70]

»Wir waren aber trotzdem ziemlich aufgeregt, so daß wir beide, um unsere Verlegenheit zu kaschieren, auf den gleichen Gedanken kamen, ohne uns abzusprechen: nämlich so zu tun, als störe uns der Geruch des Jasmins, auf den wir im Gegenteil ganz versessen waren. Sie haben damals einen schönen Zweig dieses Strauchs mitgebracht, was es mir erlaubte, den Kopf abzuwenden und meine Erregung zu verbergen.«[71]

An den Zweigen folgten krampfhaft zuckende letzte Blätter dem Wind nur so weit, wie ihr Stengel reichte, doch manchmal löste sich dieser, dann fielen sie zu Boden und liefen dort seinem Wehen nach.[72]

Etwas weiter fort, wo die Bäume noch ganz mit grünem Laub umhüllt waren, schüttelte ein einziger, kleiner, kurzer, gestutzter und trotziger Stamm im Wind seine wirre rote Mähne. (…) Der Bois bot indessen den provisorischen oder künstlichen Anblick einer Baumschule oder eines Parks, in dem man aus botanischem Interesse oder als Vorbereitung für ein Fest mitten zwischen den noch stehengebliebenen Bäumen einer gewöhnlichen Art zwei oder drei Vertreter einer kostbaren Gattung mit phantastischem Laubwerk eingesetzt hätte, die um sich eine Leere schaffen, Luft spenden und Licht verbreiten. So war dies die Jahreszeit, in der der Bois de Boulogne am meisten verschiedene Baumarten erkennen läßt und am meisten unterschiedliche Partien zu einem buntscheckigen Ganzen zusammenstellt. Auch die Stunde half dabei mit. An den Stellen, wo die Bäume noch ihren Laubschmuck trugen, schienen sie eine stoffliche Veränderung von der Linie zu erfahren, wo das Licht der Sonne sie traf, horizontal am Morgen und dann noch einmal einige Stunden später, wenn es im Augenblick der beginnenden Dämmerung sich wie eine Lampe entzündet und von fernher auf das Laubwerk einen künstlichen, sengenden Schein fallen läßt und die letzten Blätter eines Baumes, der selbst der unbrennbare, farblose Kandelaber seines lodernden Wipfels bleibt, in Flammen zu setzen schien. Hier brannte es die Kastanienblätter ziegelhart und klebte sie wie ein gelbes persisches Mauerwerk mit blauen Ornamenten derb auf den Himmel auf, dort löste es sie im Gegenteil von ihm ab, derweil sie ihm ihre gekrümmten goldenen Finger entgegenreckten. Auf einen von wildem Wein umkleideten Baum pfropfte es, ohne daß man ihn in seiner blendenden Pracht deutlich erkennen konnte, in halber Höhe etwas wie einen ungeheuren Strauß aus roten Blüten, vielleicht einer Nelkenart, auf. Die verschiedenen Partien des Bois, die im Sommer unter der Dichte und Einförmigkeit des Grüns ineinander verschwammen, traten jetzt auseinander. Bei fast allen ließen lichtere Stellen nunmehr den Eingang sichtbar werden, vor anderen pflanzte sich üppiges Laubwerk wie ein Banner auf.[73]

Wie von fern schon die höchste Erhebung des Gipfels, von der aus der Seehund sich ins Wasser stürzt, das Entzücken der Kinder bildet, die ihn anschauen gehen, so läßt auch, lange bevor man zu der Allée des Acacias gelangt, ihr ringsum ausströmender Duft das Nahen und die Eigenart einer machtvollen, üppigen Individualität des Pflanzenreiches ahnen. Dann, wenn ich näher kam, ließ der Anblick ihrer Kammlinie aus leichtem, zierlichem Laub von gefälliger Eleganz, kokettem Schnitt und aus dünnem Stoff, auf dem hunderte von Blüten sich niedergelassen hatten wie geflügelte, zitternde Schwärme seltener Insekten, endlich auch ihr weiblich lässiger, angenehm klingender Name mein Herz höher schlagen, doch eher im vagen Verlangen nach großer Welt, so wie manche Walzer in uns nur noch die Namen der geladenen Schönheiten aufklingen lassen, die der Türsteher bei ihrem Eintritt in den Ballsaal bekanntgibt.[74]

Madame de Villeparisis, die eine schwarze Spitzenhaube aus alten Zeiten trug (sie behielt sie aus dem gleichen instinktiven Sinn für das Lokal- und Zeitkolorit bei, aus dem ein Hotelbesitzer in der Bretagne, der, wie pariserisch der Kreis seiner Gäste auch geworden sein mag, es dennoch für klüger hält, seine Serviermädchen in der Trachtenhaube und weiten Ärmeln erscheinen zu lassen), saß an einem kleinen Schreibtisch, auf dem neben ihren Pinseln, der Palette und einem begonnenen Blumenaquarell in Gläsern, Schalen und Tassen Moosrosen, Zinnien oder Venushaar vor ihr aufgestellt waren; in Anbetracht des hereinflutenden Besucherstroms hatte sie in diesem Augenblick aufgehört zu malen, und die Blumen sahen aus, als würden sie in irgendeinem Stich des achtzehnten Jahrhunderts auf dem Ladentisch einer Blumenhändlerin zum Kauf angeboten.[75]

Wir wußten, daß sie selbst Blumenaquarelle malte, und meine Großmutter, die diese hatte rühmen hören, fragte sie danach. Madame de Villeparisis brachte aus Bescheidenheit das Gespräch sogleich auf andere Dinge, doch ohne mehr Staunen oder Vergnügen zu bekunden als eine hinlänglich bekannte Künstlerin, der man mit Komplimenten im Grunde nichts Neues sagt. Sie begnügte sich mit der Bemerkung, es sei ein reizender Zeitver-

treib, weil, wenn auch die mit dem Pinsel hergestellten Blumen nichts Besonderes seien, doch der Vorgang des Malens einen veranlasse, in der Gesellschaft natürlicher Blumen zu leben, an deren Schönheit man, zumal wenn man sie, um sie nachzubilden, von nahem betrachte, sich niemals sattsehen könne.[76]

Einer nach dem anderen war zu Madame de Villeparisis getreten, um ihr beim Malen zuzusehen.
»Diese Blumen haben ein wirklich himmlisches Rosa«, bemerkte Legrandin, »ich meine das, was man als Himmelrosa bezeichnen muß. Denn es gibt ein Himmelrosa, wie es ein Himmelblau gibt. Aber«, raunte er, um möglichst nur von der Marquise verstanden zu werden, »ich glaube, ich bevorzuge doch das Seidige, das lebendige Inkarnat des Abbildes, das Sie davon schaffen. Oh, Sie stellen Pisanello und Van Huysum mit ihrem peinlich genauen, toten Herbarium weit in den Schatten.«[77]

»Sie malen da wirklich wundervolle Kirschblüten ... oder sind es Dijonrosen«, bemerkte der Historiker der Fronde, nicht ohne ein gewisses Zaudern bei der Bestimmung der Pflanzen, sonst aber wieder mit gefestigter Stimme, denn er hatte den Zwischenfall mit den Hüten jetzt so ziemlich vergessen.
»Nein, es sind Apfelblüten«, fiel die Herzogin von Guermantes zu ihrer Tante gewandt ein.

»Aha! Da sieht man, daß du ein Landkind bist; du kennst wie ich die Blumen.«
»Aha! Ach ja, natürlich! Ich glaubte, die Apfelblüte sei schon vorüber«, bemerkte der Historiker der Fronde aufs Geratewohl, um sich zu entschuldigen.
»Aber ganz im Gegenteil, sie blühen noch nicht, sie tun es auch höchstens in vierzehn Tagen, vielleicht sogar in drei Wochen erst«, berichtigte der Archivar, der, da er sich um die Besitzungen der Marquise kümmerte, über ländliche Dinge besser Bescheid wußte.
»Ja, und das nur hier in der Nähe von Paris, wo sie immer etwas früher kommen. In der Normandie zum Beispiel, bei seinem Vater«, sagte er mit einem Blick auf den Herzog von Châtellerault, »der prächtige Apfelbäume am Meer hat, wie auf einem japanischen Wandschirm, sind sie erst nach dem 20. Mai so richtig rosa.«[78]

»Viele Hände von jungen Frauen wären außerstande zu machen, was ich da eben gesehen habe«, sagte der Fürst und wies dabei auf die angefangenen Aquarelle von Madame de Villeparisis.
Er fragte sie darauf, ob sie die Blumen von Fantin-Latour gesehen habe, die zur Zeit gerade ausgestellt wurden.
»Sie sind wirklich erstrangig und, wie man heute sagt, von einem echten Könner gemalt, einem der Meister der Palette«, erklärte Norpois; »ich bin indessen der Meinung, daß sie nicht den Vergleich mit denen von Ma-

dame de Villeparisis aushalten können, in denen ich den Kolorit der Blumen besser wiedergegeben finde.«[79]

Ich machte die Fürstin auf jeden Baum, jedes kleine von Rosen überwucherte Haus aufmerksam, ich wollte alles von ihr bewundert sehen und hätte sie am liebsten ans

Herz gedrückt. Sie sagte mir, sie sehe wohl, ich sei für die Malerei begabt, ich solle doch zeichnen, sie sei erstaunt, daß man es mir noch nicht gesagt habe. Sie gab zu, daß diese Gegend tatsächlich malerisch sei. [80]

Hingegen, und das sagte ich ihr auch, hatte ich immer die einzigartige Aussicht von La Raspelière rühmen hören, das auf der Höhe eines Hügels lag und wo man von einem großen Saal mit zwei Kaminen durch die Fenster auf der einen Seite am Ende der Gärten zwischen dem Laubwerk das Meer bis über Balbec hinaus, durch die auf der anderen Seite aber das Tal vor sich sah. »Wie liebenswürdig Sie sind, und wie gut das gesagt ist: Das Meer zwischen dem Laubwerk. Wirklich entzückend ... wie ein bemalter Fächer.« [81]

Die Rolle, die die Blumen von La Raspelière, die Wege längs des Meeres, die alten Häuser, die unbekannten Kirchen im Leben von Monsieur Verdurin spielten, war so groß, daß diejenigen, die ihn nur in Paris sahen und ihrerseits das Leben am Meeresufer und auf dem Land durch städtische Formen des Luxus ersetzen, kaum begreifen konnten, welche Vorstellung er sich selbst von seinem Dasein machte und welche Bedeutung seine Freuden ihm in seinen eigenen Augen verliehen. [82]
Madame Verdurin, die, um uns in ihrem ungeheuer großen Salon zu empfangen – in dem Trophäen von

am selben Tag gepflückten Gräsern, Mohn- und anderen Feldblumen mit den gleichen, von einem Künstler mit erlesenem Geschmack zwei Jahrhunderte zuvor in Camaieumalerei geschaffenen Motiven abwechselten –, sich einen Augenblick von einer Kartenpartie mit einem alten Freund erhoben hatte, bat uns um die Erlaubnis, diese noch rasch zu Ende zu führen, während sie mit uns plauderte. [83]

Wir trafen sie mit etwas aufgelöster Haartracht, denn sie kam aus dem Garten, vom Hühnerhof und von den Gemüserabatten, wo sie ihre Pfauen und Hühner fütterte, Eier holte und Blumen und Früchte pflückte, um ihren »Tischlaufer« zu schmucken, einen Läufer, der im kleinen an ihre »Läufe« im Garten erinnerte; auf dem Tisch aber zeichnete er sich dadurch aus, daß er offenbar nicht nur nützliche und zum Essen geeignete Dinge trug, denn zwischen den anderen Gaben des Gartens, den Birnen, den zu Schnee geschlagenen Eiern, stiegen die hohen Stiele von Natterkopf, Nelken, Rosen und Coreopsis auf, zwischen denen man wie durch blühende Signalmasten hindurch jenseits der Fensterscheiben die Schiffe auf hoher See dahingleiten sah. [84]

Halten wir zudem fest, daß der Garten von La Raspelière in gewisser Weise eine Zusammenfassung aller Spazierfahrten bildete, die man viele Kilometer weit in der Runde machen konnte. [85]

Madame Verdurin trat auf mich zu, um mir die Blumen von Elstir zu zeigen. (…) »Da sehen Sie, schauen Sie mir das an«, sagte die Patronne, indem sie auf üppige, prachtvolle Rosen wies, die Elstir gemalt hatte, Rosen, deren saftiger Scharlachton und schaumiges Weiß sich fast zu plastisch und zu flaumig von dem Blumenständer abhoben, auf dem sie standen. »Meinen Sie, sein Pinsel gäbe so etwas heute noch her? Das ist gekonnt, nicht wahr! Und dann ist es auch stofflich so hübsch, es müßte Vergnügen machen, so etwas in die Hand zu nehmen. Ich kann Ihnen gar nicht sagen, wie amüsant es war, ihm zuzusehen, als er die Rosen malte. Man spürte, wie es ihn interessierte, diesen bestimmten Effekt herauszubringen.« Und der Blick der Patronne blieb träumerisch an dem Geschenk des Künstlers hängen, das ein Zeugnis nicht nur seines großen Talents war, sondern auch einer langen Freundschaft, die nur in solchen Erinnerungsstücken überlebte; hinter den Blumen, die er ehedem für sie gepflückt hatte, glaubte sie noch die schöne Hand zu sehen, die sie eines Morgens in all ihrer Frische malte, so daß beide, die noch lebendigen Rosen und ihr halbähnliches Abbild, die einen auf dem Tisch, das andere an einen Sessel im Speisezimmer gelehnt, beim Dejeuner der Patronne einander gegenübergestanden hatten.[86]

Die Hitze des Tages nötigte mich, die Straßenbahn zu benutzen, die durch die Rue de la Plage fuhr, und um mir vorstellen zu können, ich sei im alten kymrischen Reich, in der Heimat König Markes vielleicht oder an der Stelle, wo einst der Wald von Bronzeliande stand, gab ich mir Mühe, über den Talmiluxus der Bauten hinwegzusehen, die mir vor Augen kamen und unter denen die Villa Elstirs vielleicht die prunkvoll häßlichste war; er hatte sie dennoch gemietet, weil unter allen in Balbec vorhandenen nur sie die Einrichtung eines geräumigen Ateliers gestattete.

Mit abgewendetem Blick durchquerte ich auch den Garten mit Rasenplatz – der in verkleinerter Form genau dem irgendeines Kleinbürgers in einem der Vororte von Paris entsprach –, mit Statuette eines galanten Gärtners, Glaskugeln, in denen man sich spiegeln konnte, Begonienbeeten als Einfassung und kleiner Laube, in der Schaukelstühle neben einem Eisentisch standen.[87]

Fast alle Läden waren geschlossen, das Atelier war ziemlich kühl, und abgesehen von einer Stelle, wo das helle Tageslicht sein leuchtendes flüchtiges Muster der Wand aufdrückte, dunkel; nur ein kleines rechteckiges, von Geißblatt umrahmtes Fenster stand offen, das über ein Blumenbeet hinweg auf eine Straße blickte; deshalb war die Atmosphäre im größten Teil des Ateliers dämmerig, eine durchsichtige, kompakte Masse, die jedoch an den Bruchstellen, wo das Licht sie einfaßte, feucht glänzte wie ein Block aus Bergkristall, dessen eine Seite bereits behauen und poliert ist und hier und dort spiegelhell irisiert.[88]

Elstir bereitete mir eine mit Qualen gemischte Freude, als er mir sagte, er werde gern ein paar Schritte mit mir machen, müsse aber zuvor das Bild vollenden, an dem er gerade arbeitete. Es waren Blumen, aber nicht die, deren Bild ich mir lieber von ihm hätte anfertigen lassen als das irgeneiner Person, um aus der Enthüllung durch sein Genie zu erfahren, was ich bei ihrem Anblick so oft vergeblich gesucht hatte; Weißdorn, rosablühender Dorn, Kornblumen, Blüten des Apfelbaums.[89]

Ich war darin wie Elstir, der an gewissen Frühlingstagen, wenn er in seinem Atelier eingeschlossen bleiben mußte und der Gedanke an die vielen Veilchen in den Wäldern ihm ein heftiges Verlangen eingab, sie mit eigenen Augen zu sehen, durch die Hausmeisterin ein Sträußchen kaufen ließ; dann aber überkam ihn Rührung, eine Halluzination: Nicht den Tisch glaubte er vor Augen zu haben, auf den er das kleine pflanzliche Modell gestellt hatte, sondern den ganzen Waldteppich, wo er früher zu Tausenden die gewundenen, unter ihrem blauen Schnabel sich neigenden Stengel gesehen hatte, wie eine imaginäre Zone in seinem Atelier, begrenzt durch den klaren Duft der evokatorischen Blume.[90]

Ungeduldig den Augenblick erwartend, da er seine Arbeit beendet hätte, ging ich auf und ab; hier und da griff ich, um sie anzuschauen, nach einer der Studien, von denen viele, nach der Wand zugekehrt, hintereinander standen. (…) Es war – dieses Aquarell – das Porträt einer jungen Frau, die nicht eigentlich hübsch war, aber von originellem Typ; sie trug eine Kopfbedeckung, die aussah wie ein mit einem kirschroten Seidenband umwobener Melonenhut; in der einen ihrer mit fingerlosen Handschuhen bekleideten Hände hielt sie eine brennende Zigarette, während sie mit der anderen bis zur Kniehöhe eine Art von großem Gartenhut hob, einen einfachen Sonnenschutz aus Stroh. Neben ihr auf dem Tisch stand eine kleine Blumenvase mit Rosen.[91]

Halb war die Ähnlichkeit nur, weil Elstir eine Blume nicht anschauen konnte, ohne sie zuvor in jenen inneren Garten zu verpflanzen, in dem wir immer zu bleiben gezwungen sind. Er hatte in diesem Aquarell die Erscheinung der Rosen aufgezeichnet, die er gesehen hatte und die ohne ihn niemand kennengelernt hätte, so daß man sagen konnte, hier habe der Maler als erfindungsreicher Züchter die Familie der Rosen um eine neue Sorte bereichert.[92]

»Als ich zu Madame Verdurin etwas über die von Elstir in so zarten Pastelltönen wiedergegebenen Landschaften und Blumen jener Gegenden sage, wirft sie zornig den Kopf zurück: ›Aber erst durch mich hat er das alles kennengelernt, jawohl, all die kuriosen Winkel, all diese Motive; ich habe es ihm aber ins Gesicht gesagt, als er uns verließ, nicht wahr, Auguste? Jedes einzelne Motiv, jawohl! Die Gegenstände kannte er schon, das muß man ihm gerechterweise zubilligen. Aber Blumen hatte er noch nie gesehen, er konnte eine Althaea nicht von einer Stockrose unterscheiden. Ich habe ihn erst gelehrt – Sie werden es kaum glauben –, den Jasmin zu erkennen.‹ Man muß gestehen, daß es merkwürdig zu denken ist, der Blumenmaler, den die Kunstkritiker uns heute als den herausragenden, ja als sogar Fantin-Latour überlegen preisen, hätte ohne diese Frau neben mir möglicherweise niemals einen Jasminzweig wiedergeben können. ›Ja, mein Ehrenwort, Jasmin! Alle Rosen, die er gemalt hat, hat er entweder bei mir gemalt, oder ich habe sie ihm gebracht!‹«[93]

Die Gärtner erlangen durch Züchtung Blumensorten, die wie köstliche Träume sind, aber auch andere, die einem Alptraum gleichen.[94]

Meduse! Orchidee! Als ich nur meinem Instinkt folgte, flößten mir die Quallen in Balbec Widerwillen ein; aber wenn es mir gelang, sie wie Michelet vom naturwissenschaftlichen und ästhetischen Standpunkt aus anzuschauen, sah ich in ihnen entzückende, blaßblaue, durchsichtig schimmernde Geschmeide. Sind sie nicht mit dem durchscheinenden Samt ihrer Blütenblätter die zartvioletten Orchideen des Meeres?[95]

Sie fand die Formen aller ihrer chinesischen Nippesfiguren »amüsant«, ebenso die der Orchideen und auch der Cattleyas, die neben den Chrysanthemen ihre Lieblingsblumen waren, weil sie den großen Vorzug besaßen, nicht wie Blumen auszusehen, sondern als wären sie aus Seide oder Atlas gemacht. »Die da sieht aus, als wäre sie aus meinem Mantelfutter ausgeschnitten«, sagte sie zu Swann, indem sie auf eine Orchidee zeigte, und zwar mit einer gewissen Hochachtung vor einer Blume, die derartig »schick« war, dieser eleganten, völlig unerwartet von der Natur ihr zum Geschenk gemachten Schwester, die auf der Stufenleiter der Schöpfung so weit von ihr

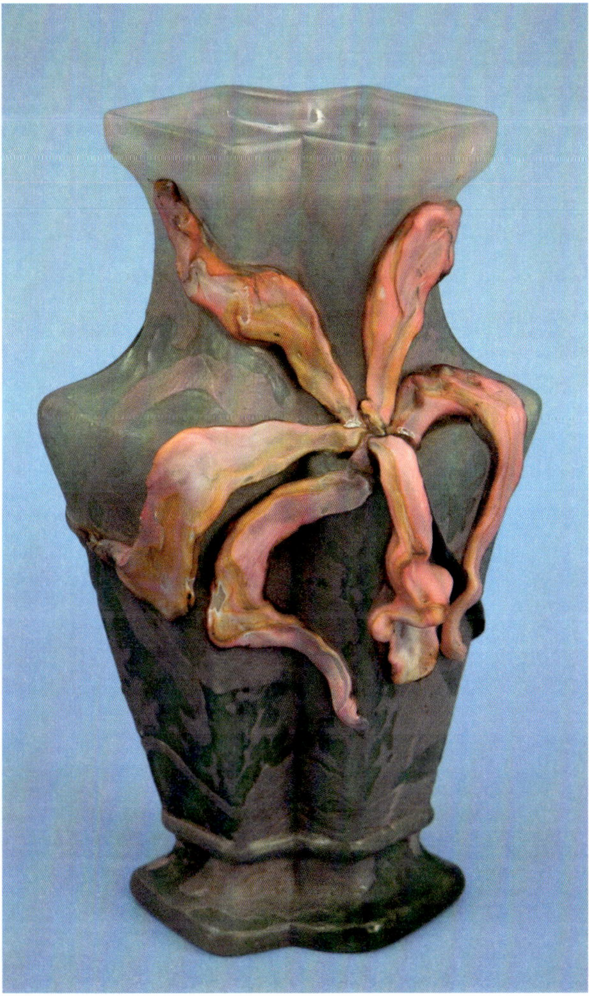

 entfernt war und doch so raffiniert, würdiger als viele Frauen, einen Platz in ihrem Salon zu erhalten.[96]

Sie hielt einen Strauß Cattleyablüten in der Hand, und Swann sah durch ihr Spitzentuch hindurch, daß sie im Haar an einem Gesteck aus Schwanenfedern die gleichen Blumen trug. Unter ihrem Abendmantel hatte sie ein fließendes schwarzes Samtkleid an, das dank einer schrägen Raffung als weites Dreieck den unteren Teil eines weißen Faillerocks zeigte und den Blicken auch den Einsatz, ebenfalls aus weißer Faille, an der Öffnung des Dekolletés darbot, in dem weitere Cattleyablüten befestigt waren.[97]

Wenn sie Cattleyas am Kleide trug, sagte er: »Schade, heute abend brauchen die Cattleyas nicht zurechtgerückt zu werden; sie sind nicht herausgerutscht wie neulich; dennoch glaube ich, die hier sitzt nicht ganz richtig. Darf ich nicht sehen, ob sie nicht stärker duften als die anderen?« Oder wenn sie keine hatte: »Ach! keine Cattleyas heute, da gibt es ja für mich nichts zurechtzurücken.« Auf diese Weise behielt er eine Weile die gleiche Ordnung der Dinge bei wie am ersten Tag; es fing jedesmal mit dem leichten Berühren von Odettes Brust und Hals mit Fingern und Lippen an, jedesmal war dies der Beginn seiner Zärtlichkeiten; und viel später noch, als sie vom Zurechtrücken der Cattleyas (oder der rituellen Scheinhandlung des Zurechtrückens) längst abgekommen waren, lebte die Metapher »Cattleya spielen« in ihrem Sprachgebrauch fort, zur schlichten Vokabel geworden, die sie schließlich ganz gedankenlos zur Bezeichnung des Aktes der physischen Inbesitznahme benutzten – bei dem man übrigens nichts besitzt –, und hielt die Erinnerung an jene vergessene Gewohnheit aufrecht.[98]

So kehrte sie immer in Swanns Wagen heim; eines Abends, als sie ausgestiegen war und er sich verabschiedete bis zum nächsten Tag, hatte sie rasch in dem kleinen Vorgarten eine letzte Chrysantheme gepfluckt und ihm gereicht, bevor er weiterfuhr. Er hielt sie während der Heimfahrt an die Lippen gepreßt, und als nach ein paar Tagen die Blume welk geworden war, verwahrte er sie behutsam in seinem Sekretär.[99]

Vor ihnen lag ein kleiner Garderobenraum, an dessen von einem Gartenspalier – allerdings einem vergoldeten – überzogener Wand in ihrer ganzen Länge ein rechteckiger Blumenkasten entlanglief, in dem wie in einem Treibhaus jene großblumigen Chrysanthemen blühten, die zu jener Zeit noch selten waren, allerdings weit hinter denen zurückblieben, die die Kunst der Gärtner später erzielt hat. Swann ärgerte sich über die seit dem vorigen Jahr andauernde Mode dieser Blumen, doch diesmal hatte er Gefallen daran gefunden zu sehen, wie das Halbdunkel des Raums von den duftenden Strahlen dieser kurzlebigen, während der grauen Tage aufleuchtenden Sterne in rosigen, orangenfarbenen und weißen Streifen aufgehellt wurde.[100]

Odette hatte jetzt bei Beginn des Winters in ihrem Salon Chrysanthemen von enormen Ausmaßen und einer Vielfalt der Farben, wie Swann sie früher bei ihr nicht hatte vorfinden können. Meine Bewunderung für diese Blumen – wenn ich Madame Swann einen jener traurigen Besuche machte, bei denen ich in ihr wegen meines Kummers die ganze geheimnisvolle Poesie der Mutter jener Gilberte wiederfand, der sie am nächsten Tag sagen würde: »Dein Freund hat mich gestern besucht« – kam zweifellos daher, daß sie, blaßrosa wie die Louis-Seize-Seiden ihrer Fauteuils, schneeweiß wie ihr Hauskleid aus Crêpe de Chine oder von dem metallischen Glanz ihres Samowars, über die Ausstattung des Salons eine zweite legten von ebenso reichem Kolorit, ebenso raffiniert, aber diesmal lebendig und nur für wenige Tage bestimmt. Doch wurde ich weniger durch die Vergänglichkeit dieser Chrysanthemen berührt als vielmehr durch ihre relative Dauerhaftigkeit im Vergleich zu den ebenso rosigen und ebenso kupferfarbenen Tönen, die die untergehende Sonne verschwenderisch über die grauen Nebel der Spätnachmittage im November verströmt; nachdem ich sie auf dem Weg zu Madame Swann am Himmel hat-

te erlöschen sehen, fand ich sie nun nachlebend, in die entflammte Farbpalette der Blumen transponiert wieder. Als habe ein großer Meister der Farbe diese Feuer der Vergänglichkeit der Atmosphäre und des Sonnenlichts entrissen, damit sie eine menschliche Wohnung schmückten, luden die Chrysanthemen mich bei all meiner Traurigkeit doch dazu ein, während dieser Teestunde begierig die so kurzen Novemberfreuden auszukosten, deren traulich geheimnisvollen Glanz sie neben mir erstrahlen ließen. [101]

Nach meinem ersten Besuch bei ihr hatte Madame Swann eines jener »Bristols«, wie sie sagte, bei mir abgegeben. Noch nie hatte jemand bei mir Karten abgeworfen; ich war so stolz, so ergriffen, so sehr von Dankbarkeit erfüllt, daß ich alles Geld zusammenkratzte, das ich überhaupt besaß, und einen Korb prächtiger Kamelien an Madame Swanns Adresse schicken ließ. [102]

Einen anderen Teil der Möbel und vor allem ein prächtiges altes Silberservice meiner Tante Léonie verkaufte ich gegen den Rat meiner Eltern, um über mehr Geld zu verfügen und mehr Blumen an Madame Swann schicken zu können, die, wenn sie riesige Körbe voll Orchideen bekam, zu mir zu sagen pflegte: »Wenn ich Ihr Vater wäre, ließe ich sie unter Kuratel stellen.« [103]

Andere Frauen zeigen ihren Schmuck, sie aber lebt in Intimität mit ihren Perlen. Diese Daseinsform verpflichtet und verführt schließlich zu einem geheimen und nahezu selbstlosen Luxus. Madame Swann dehnte diesen auf die Blumen aus. Immer stand neben ihrem Fauteuil eine ungeheure Kristallschale, gefüllt mit Parmaveilchen oder mit Margueriten, deren gelöste Blätter im Wasser schwebten, so daß es dem Eintretenden scheinen mußte, als habe er sie gerade bei ihrer Lieblingsbeschäftigung gestört, wie etwa bei einer Tasse Tee, die Madame Swann zu ihrem Vergnügen ganz für sich allein getrunken hätte, ja sogar bei einer geheimnisvolleren und intimeren Beschäftigung, so daß man sich beim Anblick dieser offen ausgebreiteten Blumen am liebsten hätte entschuldigen mögen, wie wenn man den Titel des noch aufgeklappten Bandes angeschaut hätte, aus dem man ersehen konnte, was Odette gelesen und womit vielleicht ihre Gedanken zur Zeit beschäftigt waren. Mehr noch als das Buch aber lebten die Blumen; man war befangen, wenn man bei Madame Swann eintrat, um ihr einen Besuch zu machen, und sah, daß sie nicht allein war, oder wenn man mit ihr zusammen nach Hause kam und den Salon nicht leer vorfand; einen so rätselhaften und zu den unbekannten Stunden der Hausherrin in Beziehung stehenden Platz nahmen diese Blumen darin ein, die nicht für Odettes Besucher hergerichtet waren, sondern – gleichsam nur von ihr selbst vergessen – dort mit ihr Privatgespräche geführt hatten und noch führen würden, die man zu stören fürchtete und deren geheimen Sinn man vergebens aus der verwaschenen, in einem flüssigen Lilaton sich lösenden Farbe der Parmaveilchen zu erraten versuchte.[104]

Die gesamte Wahrheit jener eisigen und doch schon blütentreibenden Wochen schien mir aber in jenem Salon, den ich bald nicht mehr betreten würde, durch eine andere, noch berauschendere Häufung von weißen Tönen zur Entfaltung zu kommen, die des »Schneeballs« zum Beispiel, der auf der Spitze seiner langen Zweige, so kahl wie die linearen Stauden der Präraffaeliten, seine in sich geteilten und doch ebenmäßigen Kugeln anordnete, die weiß wie Verkündigungsengel und von Zitronenduft umwoben waren. Denn die Schloßherrin von Tansonville wußte, daß der April, wie eisig er sich auch gibt, doch nicht ohne Blumen ist, daß Winter, Frühling und Sommer nicht so hermetisch voneinander getrennt sind, wie der Boulevardier meint, der sich bis zu den ersten warmen Tagen die Welt nur mit lauter kahlen, regennassen Häusern vorstellen kann. Daß Madame Swann sich mit den Sendungen ihres Gärtners aus Combray begnügte und nicht vielleicht mit Hilfe ihrer »Hoflieferantin« für Blumen die Lücken eines unzulänglichen Frühlingsbildes mit ausgeborgter mediterraner Frühblüte stopfte, will ich nicht behaupten; es kümmerte mich auch nicht. Mir genügte schon, um Sehnsucht nach dem Land zu bekommen, daß neben dem Firnschnee des Muffs, den Madame Swann hielt, der Schneeball (der vielleicht für die Hausherrin keinen anderen Zweck erfüllte, als auf den Rat Bergottes hin eine »Symphonie in Weiß-Dur« mit ihren Möbeln und

ihren Kleidern zu bilden) mich daran erinnerte, daß der Karfreitagszauber ein Naturwunder darstellt, an dem man jedes Jahr teilnehmen könnte, wenn man weiser wäre, und im Verein mit dem herben, berauschenden Duft anderer Arten, deren Name mir unbekannt war und um derentwillen ich so oft auf meinen Spaziergängen in Combray einfach stehengeblieben war, den Salon von Madame Swann so jungfräulich erscheinen ließ, so unschuldig leuchtend in seinem blattlosen Blütenflor, so reich an richtigen Düften wie der steile Pfad von Tansonville.[105]

Die Hausherrin, die mir einen Platz an ihrer Seite geben wird, teilt mir liebenswürdig mit, daß sie als Tafelschmuck nur japanische Chrysanthemen gewählt, diese aber auf Vasen verteilt habe, die ganz erlesene Kunstwerke sind, deren eines aus Bronze gefertigt ist, auf der Blütenblätter aus rötlichem Kupfer den Eindruck wecken, als hätten sich lebendige Blumen entblättert.[106]

Ich erkannte eine Pflanze von der Art, wie Elstir sie in meinem Beisein gemalt hatte.

»Ich bin glücklich, daß sie Ihnen gefällt; sie ist entzückend, sehen Sie nur diese kleine malvenfarbene Halskrause, die die Blüten tragen; nur, wie es auch bei sehr hübschen und sehr gut angezogenen Personen vorkommt, haben sie einen häßlichen Namen und riechen außerdem schlecht. Dennoch liebe ich sie sehr. Was aber traurig ist, sie werden aussterben bei mir.«[107]

So war der Salon der Fürstin von Guermantes ein mit Kerzen besteckter und mit Blumen geschmückter friedhofgleicher Hort des Vergessens.[108]

Der »Wintergarten«, den in jenen Jahren der Vorübergehende in allen möglichen Straßen sehen konnte, wenn die Wohnung nicht allzu hoch über dem Bürgersteig lag, ist jetzt nur noch auf den Heliogravüren in den Geschenkbüchern von P.-J. Stahl zu entdecken, wo er, im Gegensatz zu den spärlichen floralen Ornamenten der heutigen Louis-Seize-Gemächer – eine Rose oder japanische Iris in einer langhalsigen Kristallvase, in die keine weitere Blume hineinginge –, in Anbetracht der verschwenderischen Fülle der Zimmerpflanzen, die man damals hatte, und des absoluten Mangels einer Stilisierung in ihrem Arrangement offenbar bei der Dame des Hauses eher einer Art lebendiger, köstlicher Begeisterung für Botanik entsprungen zu sein scheint als einem nüchternen Bemühen um unbelebte Dekoration. Er erinnerte in vergrößertem Format, in den eleganten Stadtvillen von damals, an jene winzigen transportablen Treibhäuser, die am Morgen des 1. Januar unter die leuchtende Lampe gestellt wurden – die Kinder hatten ja doch nicht die Geduld, bis Tagesanbruch zu warten – und dort unter anderen Neujahrsgeschenken das schönste von allen waren, da sie ja mit den Pflanzen, die man weiterhin pflegen konnte, über die Kahlheit des Winters freundlich hinwegtrösteten; mehr noch als an diese Treibhäuser selbst erinnerten die Wintergärten an jenes,

das man daneben in einem schönen Buch, ebenfalls einem Neujahrsgeschenk, abgebildet fand und das, obwohl nicht den Kindern zugedacht, sondern für Mademoiselle Lili, die Heldin des Buches, bestimmt, doch jene derart entzückte, daß sie, die heute fast Greise sind, sich fragen, ob in jenen glücklichen Jahren der Winter nicht die schönste Jahreszeit war. In der Tiefe nun jedenfalls dieses Wintergartens erkannte, hinter den eisblumenhaften Schattenspielen all dieser Gewächse, die von der Straße her das beleuchtete Fenster den Scheiben jener auf Bildern dargestellten oder wirklichen Kindertreibhäuser ähnlich machten, der Vorübergehende, wenn er sich auf die Zehenspitzen hob, gewöhnlich einen Herrn im Gehrock mit einer Gardenie oder Nelke im Knopfloch, der vor einer sitzenden Dame stand, beide undeutlich wie zwei in einen Topas geschnittene Figurinen, eingehüllt in die Atmosphäre des vom Samowar – einem damals neu eingeführten Artikel – mit Ambradämpfen, die vielleicht auch heute noch daraus hervorquellen, die aber infolge der Gewöhnung daran niemand mehr bemerkt, durchdufteten Salons.[109]

Unser Wagen fuhr rasch die Boulevards und Avenuen entlang, deren aneinandergereihte Stadtpalais mich in ihrer rosigen Erstarrung aus Sonne und Frost an meine Besuche bei Madame Swann erinnerten, in der sanften Beleuchtung der Chrysanthemen, bevor die Lampen hereingetragen wurden.[110]

Es blieb finster. Der Balkon draußen vor dem Fenster war grau. Plötzlich nahm ich auf seinem verdrießlichen Steinboden nicht eigentlich eine weniger trübe Färbung wahr, spürte aber doch das Bemühen um eine weniger trübe Färbung, fühlte den Pulsschlag eines zögernden Strahls, der sein Licht befreien möchte. Einen Augenblick später war der Balkon blaß und widerscheinend wie eine Wasserfläche im Morgenlicht, und es hatten sich zahllose Schattenreflexe darauf gelegt. Ein Windstoß zerstreute sie wieder, der Steinboden hatte sich von neuem verfinstert, doch als hätten sie Zutrauen gewonnen, kehrten sie zurück; unmerklich begann er wieder lichter zu werden, und in einem jener sich unaufhörlich steigernden Crescendos, wie sie in der Musik am Ende einer Ouvertüre eine einzige Note nach raschem Durchlaufen aller Übergänge bis zum äußersten Fortissimo führen, sah ich ihn bei dem umwandelbar stetigen Goldton der schönen Tage anlangen, von dem das Schattenspiel der schmiedeeisernen Balustrade sich schwarz abhob wie eine launenhafte Vegetation, mit einer Zartheit in der Zeichnung des winzigsten Details, die sorgfältiges Bewußtsein, ja künstlerische Befriedigung zu verraten schien, mit solcher Tiefe und solch samtiger Weiche in der Ruhe seiner dunklen, beglückenden Komposition, daß diese üppigen, blätterreichen Spiegelungen, die auf dem See aus Sonne ruhten, wahrhaftig zu wissen schienen, daß sie das Unterpfand waren von Seelenfriede und Glück.

Efeu eines Augenblicks! Flüchtige Mauerflora! Für viele die farbloseste, trübseligste aller Pflanzen, die eine Mauer erklettern oder ein Fenster umrahmen können, für mich aber von allen die liebste seit dem Tag, an dem sie auf unserem Balkon erschienen war, gleichsam als der eigentliche Schatten von der Gegenwart Gilbertes, die vielleicht schon in den Anlagen der Champs-Élysées war und mir, sobald ich ebenfalls da wäre, sagen würde: »Nun wollen wir aber auch sofort mit dem Barlauf anfangen. Sie gehören zu meinem Lager«; eine zerbrechliche Pflanze war es, die schon ein Hauch forttragen konnte, dafür aber wenn auch nicht mit der Jahres-, so doch mit der Tageszeit in Verbindung stand; Verheißung unmittelbaren Glücks, das der Tag gewähren oder verweigern würde, und darin Versprechen des unmittelbaren Glücks in seiner reinsten Form, nämlich des Glücks der Liebe; sanfter, wärmer als Moos lag sie auf dem Stein; eine perennierende Pflanze, die schon von einem einzigen Sonnenstrahl ins Leben gerufen wird und Freude selbst mitten im Winter aufblühen läßt. [111]

Wenn ich an Florenz dachte, so war es für mich eine Stadt, die einer Blütenkrone glich, von köstlichen Aromaten erfüllt, weil sie die Stadt der Lilien war und ihre Kathedrale Santa Maria del Fiore hieß. [112]

Gewiß, wenn ich mir, um den Dingen, die ich sehen würde, einen um so höheren Wert zu geben, wiederholte, daß Venedig »die Schule Giorgiones, die Heimat Tizians, das vollständigste Museum der Wohnbaukunst des Mittelalters« sei, fühlte ich mich glücklich. Dennoch war ich es noch mehr, wenn ich auf einem meiner Gänge, rasch dahinschreitend wegen des Wetters, das nach ein paar vorzeitig frühlingshaften Tagen noch einmal winterlich geworden war (so wie wir es gewöhnlich in Combray in der Karwoche hatten), beim Anblick der an den Boulevards stehenden Kastanienbäume, die in eisige, triefend nasse Luft getaucht dennoch als pünktliche Gäste schon im Festgewand und ungebrochenen Mutes in ihren froststarren Massiven das unaufhaltsam sprießende Grün formten und ziselierten, dessen Weiterwachsen von der keimemordenden Kraft der Kälte zwar beeinträchtigt, doch nicht verhindert werden konnte, daran dachte, daß der Ponte Vecchio nun schon mit Hyazinthen und Anemonen überschwemmt war und die Frühlingssonne die Fluten des Canal Grande bereits mit tiefem Azurblau und so edlen Smaragdtönen färbte, daß sie im Anbranden an die Malereien Tizians im Reichtum des Kolorits mit jenen wetteifern konnten.[113]

Der Schatten, den die Segeltuchmarkise des Modegeschäfts und das Aushängeschild des Barbiers erzeugt hätten, bestand auf der Piazza in den kleinen blauen Blumen, die das Relief einer Renaissancefassade in der Wüste des besonnten Steinpflasters aufsprießen läßt – nicht ohne daß man, wenn die Sonne brannte, wie in Combray auch in Venedig sogar unmittelbar am Kanal hätte Stores herunterlassen müssen. Nun spannten sie sich zwischen dem Maßwerk und den Laubornamenten gotischer Fenster aus. [114]

Ich war verstrickt in ein Netz kleiner Gäßchen, von Calli. Des Abends bilden sie mit ihren hohen, kelchförmigen Kaminen, denen die Sonne die lebhaftesten rosa und lichtesten roten Tönen verleiht, einen über den Häusern blühenden Garten mit so verschiedenartigen Farbnuancen, daß man hätte meinen können, man habe die über der Stadt angelegten Blütenfelder eines Tulpenliebhabers aus Delft oder Haarlem vor sich. [115]

Mein Ankleidekabinett war mit einer tiefroten Tapete bezogen, die mit schwarzen und weißen Blumen übersät war. Man sollte meinen, ich hätte mich nur schwer an diese Blumen gewöhnen können, doch sie schienen mir einfach neu, zwangen mich, nicht in Konflikt, sondern in Kontakt mit ihnen zu treten, die Fröhlichkeit und die Lieder meines Aufstehens etwas abzuwandeln; sie versetzten mich einfach gewaltsam ins Herz einer Art Mohnblüte, wo die Welt sich mir ganz anders darbot als in Paris, ins Herz dieses wie eine fröhlich spanische Wand mich umschließenden neuen Hauses, das ganz anders lag als das meiner Eltern und von reiner Luft durchströmt war. [116]

Bevor ich schlafen ging, wollte ich mein Zimmer verlassen, um mein ganzes zauberisches Reich zu erforschen. Ich folgte einer langen Galerie, die mir nacheinander mit allem huldigte, was sie zu bieten hatte, falls ich noch nicht schläfrig war: ein Lehnsessel in der Ecke, ein Spinett, auf einer Konsole ein blauer Fayencetopf mit Zinerarien darin, und in einem alten Rahmen die geisterhafte Erscheinung einer Dame von einst mit gepudertem, von blauen Blüten durchflochtenem Haar und einem Nelkenstrauß in der Hand. [117]

Ich lasse die Seiten folgen, die ich damals las, bis die Müdigkeit mir die Augen schloß.[118]

»Wir gehen zu Tisch und haben vor uns eine Flucht von Tellern, die nicht mehr und nicht weniger als wahre Meisterwerke des Porzellanmalers sind, dessen künstlerischem Geplauder die geschmeichelte Aufmerksamkeit des Kunstliebhabers bei einem delikaten Mahl am bereitwilligsten lauscht – Teller aus der Yen-Tsching-Epoche mit kapuzinerblumenfarbenen Tönungen am Rand, mit bläulichen Schattierungen und dem fülligen Blättergewirr der Wasserschwertlilie, in wahrhaft dekoratistischer Weise von einem morgenrotfarbenen Flug von Fischreihern und Schnepfen durchquert, gekennzeichnet von ebenjenen Nuancen des Frühlichts, auf die täglich mein Blick beim Erwachen am Boulevard Montmorency fällt – Meißner Teller, die spielerischer wirken in ihrer graziösen Faktur und mit dem schläfrigen Welken ihrer schon fast violett getönten Rosen, dem dunkelrot gefransten Rand einer Tulpe, den Rokokoformen einer Nelke oder eines Vergißmeinnichts – Sèvres-Teller mit der feinen Guillochearbeit der weißen, goldlinierten Kannelierung oder auf dem cremefarben ausgesparten Grund des Porzellans tändelnd vom Relief eines goldenen Bandes zusammengehalten – und zuletzt ein komplettes Silbergeschirr aus Luciennes mit Myrtengirlanden, die die du Barry wiedererkennen würde.«[119]

»Und diese bezaubernde Frau, deren Redeweise liebevoll das Kolorit einer Gegend aufnimmt, erzählt uns voll überschwenglicher Begeisterung von jener Normandie, in der sie gewohnt haben, einer Normandie, die ihren

Schilderungen zufolge eine unermeßlich große englische Parkanlage ist, mit dem Wohlgeruch ihrer Hochstammgruppen à la Lawrence, dem kryptomerienfarbenen Samt ihrer natürlichen Rasenflächen in der porzellanenen Einfassung rosenroter Hortensien, dem zartknittrigen Blütengewirr schwefelfarbener Rosen, die sich über die Haustür eines Bauernhauses neigen, auf der die Einlegearbeit zweier ineinanderverschlungener Birnbäume ein überaus ornamentales Wahrzeichen bildet, und die anmutige Neigung eines Blütenzweigs, an einem bronzenen Armleuchter von Gouthière ins Gedächtnis rufen, einer Normandie, von der die Pariser Feriengäste überhaupt nichts ahnen und die von den Schranken jeder ihrer *Einfriedungen* beschützt wird, Schranken, welche sämtlich zu öffnen die Verdurins, wie sie mir gestehen, nicht unterlassen haben.«[120]

»Ist das Ihr Wappen?« setzte sie mit herabsetzender Ironie hinzu. »Nein, nicht das unsere«, antwortete Monsieur de Cambremer. »Wir führen in Gold drei Fasces mit fünf roten Wechselzinnen, jede mit goldenem Kleeblattschnitt.«[121]

»Es hat mir genügt zu sehen, wie sie mit ihren Lilien dahergekommen ist! Ich habe sofort gemerkt, daß sie kein Talent hat, als ich die Lilien sah!«[122]

»Aber ja doch, sie hat etwas vorgetragen mit einem Lilienstrauß in der Hand und auch noch mit Lilien 'aufm' Kleid.« (Wie Madame de Villeparisis tat sich auch Madame de Guermantes auf eine sehr bäuerliche Aussprache gewisser Wörter etwas zugute, obwohl sie das R nicht rollte, wie ihre Tante es tat.)[123]

Madame de Marsantes trug ein Kleid aus weißer Surah-Seide, mit einem großen Palmenmuster, aus dem sich Stoffblumen heraushoben, in Schwarz.[124]

In einem kleinen Empiresalon, in dem ein paar vereinzelte Herren im Frack auf einem Kanapee saßen und lauschten, sah man neben einem von einer Minerva getragenen Stehspiegel eine geradlinige, im Innern aber wie eine Wiege ausgebuchtete Chaiselongue, auf der eine junge Frau ausgestreckt lag. Die Nachlässigkeit ihrer Haltung, die auch beim Eintreten der Herzogin sich in nichts änderte, bildete einen Gegensatz zu dem wundervollen Gleißen ihrer Empirerobe aus nacaratfarbener Seide, neben der rote Fuchsien blaß gewirkt hätten und in deren schillerndes Gewebe Insignien und Blumen so lange eingepreßt schienen, daß konkave Spuren davon zurückgeblieben waren.[125]

Ich sah mir Monsieur de Charlus an. Sein grauer Haarschopf, sein lächelndes Auge, dessen Braue durch das

Monokel hochgehoben wurde, und sein Knopflochsträußchen aus roten Blüten bildeten gleichsam die drei beweglichen Angelpunkte eines in die Augen fallenden, unstet zuckenden Dreiecks.[126]

Das menschliche Antlitz ist wirklich wie das jenes Gottes einer östlichen Theogonie eine ganze Traube von Gesichtern, die, auf verschiedenen Ebenen nebeneinandergestellt, nicht auf einmal überblickbar sind. [127]

So habe ich zwei Sommer hintereinander in der Hitze des Gartens von Combray wegen des Buchs, in dem ich las, Sehnsucht nach einer gebirgigen, flußreichen Gegend mit vielen Sägewerken gehabt, wo auf dem Grund des klaren Wassers Holzstücke unter Büscheln von Kresse vermoderten; nicht weit davon hingen an niederen Mauern Trauben von violetten und rötlichen Blüten herab. Und da der Traum von einer Frau, die mich lieben würde, in meinen Gedanken immer eine Rolle spielte, war in jenen Sommern dieser Traum von der Kühle fließenden Wassers durchtränkt; und an was für eine Frau auch immer ich dachte, sogleich war sie von Trauben violetter und rötlicher Blüten wie von ihren Komplementärfarben umrahmt. [128]

Doch bei einer Person werden die Gedanken erst deutlich, nachdem sie bereits durch das seerosengleich entfaltete Blütenblatt ihres Gesichts hindurchgeströmt sind. [129]

Sie ließ das Licht ihres blauen Blicks auf mich niederfallen, zögerte einen Augenblick, entrollte den Stengel ihres Arms, um ihn auszustrecken, und neigte ihren Körper, der gleich wieder in die aufrechte Stellung zurückschnellte wie ein Strauch, den man niedergebogen hat und der, wenn man ihn losläßt, in seine natürliche Lage zurückkehrt. [130]

Sie stand da wie ein Marmorbild. Ihr Blick war durchdringend und leer, ihre Nase bewahrte ihren noblen Schwung. Doch eine Wange blätterte ab. Eine leichte, sonderbare grün und rosa Vegetation überwucherte ihr Kinn. [131]

Vielleicht war der Platz dieser letzteren Dame überhaupt nicht in einem Saal, wo die Logen nur mit den glänzendsten Frauen des Jahres (selbst die oberen Ränge, die von unten her riesigen, mit menschlicher Flora durchsetzten und durch die roten Bänder der mit Plüsch verkleideten Zwischenwände an die Wölbung des Zuschauerraumes gehefteten Körben glichen) ein Eintagspanorama schufen, das durch Tod, Skandale, Krankheiten und Zwiste bald sich wandeln würde, in diesem Moment aber vor Aufmerksamkeit, Hitze, Benommenheit, Staub, Eleganz und Langeweile in einem jener ewigen tragischen Augenblicke unbewußter Erwartung und regloser Betäubung erstarrt war, wie sie hinterher gesehen vor der Explosion einer Bombe oder dem ersten Aufzüngeln einer Feuersbrunst geherrscht zu haben scheinen. [132]

Da erst bemerkte ich, daß rings um mich her, um mich, der ich bis zu diesem Tage – abgesehen von meinem Praktikum im Salon von Madame Swann – bei meiner Mutter, in Combray und in Paris, ein ganz anderes, entweder gönnerhaftes oder reserviertes Verhalten von seiten mürrischer Damen der bürgerlichen Gesellschaft gewohnt war, die mich als Kind behandelten, ein Szenenwechsel sich vollzogen hatte, demjenigen vergleichbar, der Parsifal plötzlich unter die Blumenmädchen versetzt. Diejenigen, die mich nun umgaben, ganz dekolletiert (ihre entblößten Schultern zeigten sich zu beiden Seiten eines gewundenen Mimosenzweiges oder unter den weiten Blütenblättern einer Rose) begrüßten mich mit lauter langen, dahinschmelzenden und zärtlichen Blicken, als hindere sie einzig ihre Schüchternheit, mich zu küssen.[133]

Außerdem waren diese Blumenmädchen in erstaunlichem Maße leicht zufriedenzustellen und ebensosehr darauf aus, andere zufriedenzustellen, denn mehr als eine, an die ich während des ganzen Abends nur zwei oder drei Worte gerichtet hatte, deren Torheit mich erröten ließ, legte Wert darauf, bevor sie den Salon verließ, mir zu versichern, während sie ihre schönen Augen zärtlich auf mir ruhen ließ und die Orchideengirlande über ihrer Brust zurechtrückte, welch lebhaftes Vergnügen es für sie gewesen sei, mich kennenzulernen, und sie wünsche, »etwas zu arrangieren« – das war eine verschleierte Anspielung auf eine Einladung zum Diner –, sobald sie mit Madame de Guermantes einen Tag ausgemacht habe. Keine dieser Blumendamen brach vor der Prinzessin von Parma auf.[134]

Man zeigte verstohlen auf die rätselhafte, bleiche Frau, die gealtert war, ohne weiß zu werden, vielmehr sich eher gerötet hatte wie gewisse dauerhafte, schrumpelige Früchte der Hecken.[135]

Ach! auch in der frischesten Blüte kann man bereits die kaum wahrnehmbaren Punkte erkennen, die für den ahnenden Geist das bezeichnen, was durch den Vorgang des Verdorrens oder Fruchttragens der heute noch blühenden Körper, die schon unabänderlich festgelegte, prädestinierte Form des späteren Samenstandes sein wird.[136]

Wie auf einer Pflanzung, wo die Blüten zu verschiedener Zeit zu Früchten reifen, hatte ich sie am Strand von Balbec bereits als alte Damen gesehen, als jene vertrockneten Fruchtschoten, jene schwammigen Wurzelknollen, die meine Freundinnen eines Tages sein würden. Doch was tat das? Noch war Blütezeit.[137]

Für einen Genesenden, der den ganzen Tag in einem Blumen- oder Obstgarten der Ruhe pflegt, durchzieht der

 Duft von Blüten und Früchten die tausend Nichtigkeiten seines Farniente nicht gründlicher, als für mich jene Farbe und jener Duft es taten, die meine Blicke auf diesen jungen Mädchen sammelten und deren Süße schließlich mich selber ganz durchwob. So bilden Trauben an der Sonne ihren Zucker. [138]

Da so die Hoffnung auf die Freuden, die ich in der Bekanntschaft eines neuen jungen Mädchens finden würde, mir durch eine andere zuteil wurde, die mich mit ihr bekannt gemacht hatte, war die letzte immer so etwas wie eine Rosensorte, die man aus einer anderen erzielt. Und wenn ich dann in diesem Blumengewinde von einer Blüte zur anderen eilte, führte mich die Freude, wieder eine andere kennenzulernen, auch wieder zu jener, die sie mir vermittelt hatte, mit einer Dankbarkeit zurück, unter die sich ebensoviel Verlangen mischte wie unter meine neue Hoffnung. [139]

Wir fuhren wieder den Hügel hinab; da kam uns dann – zu Fuß, auf dem Fahrrad, auf einem Karren, im Wagen – immer wieder eines jener Geschöpfe entgegen, die wie natürliche Blüten eines so schönen Tags und doch nicht wie Blumen der Felder sind, denn jede birgt in sich etwas, was in der anderen nicht ist und uns daran hindert, mit nur ihresgleichen jenes Verlangen zu stillen, das sie selbst in uns erstehen läßt: irgendein Landmädchen, das seine Kuh vor sich hertreibt oder auf einem Bauernwagen halbsitzend gelagert ist, die Tochter eines Ladenbesitzers, die einen Spaziergang macht, die elegante junge Dame im Landauer auf dem Rücksitz den Eltern gegenüber. [140]

Das Mädchen, das ich immer im Lichtspiel des Laubwerks vor mir sah, war für mich selbst nur ein Gewächs der Gegend, freilich von höherer Art als die andern und ihrer Natur nach so beschaffen, daß man durch sie der auf dem Grund verborgenen Essenz des Landes näherkommen kann als durch jene. [141]

Ohne darauf Antwort zu geben, hörte ich den Ruf der Weißdornhecken. Als weniger üppige Nachbarinnen der Apfelblüten fanden sie diese recht schwerfällig, obwohl sie der frischen Wangenfärbung der mit rosigen Blütenblättern geschmückten Töchter jener behäbigen Apfelweinhersteller Anerkennung zollten. Sie wußten, daß sie weniger reich dotiert, doch gesuchter sein würden und, um zu gefallen, nichts anderes nötig hatten als ihr zerknittertes Weiß. [142]

Man möchte sie unaufhörlich bei sich haben wie Blumen, die man noch ganz frisch als Geschenk erhalten hat und die man unaufhörlich betrachten und deren Duft man aus immer größerer Nähe genießen möchte. [143]

Das bewirkte, daß bei meinen Bemühungen, sie zu finden, von einem Mädchen zum anderen sich ganz natürlich rings um sie Blumenranken flochten. [144]

Sie hatte ihren Hut abgenommen, der ihr offenbar lästig war, und ihre Haare lagen, wie eine bezaubernde unbekannte Spezies aus dem Pflanzenreich mit zartem bis ins einzelne gegliedertem Laub, auf ihrer Stirn. [145]

Gilbertes Haarzöpfe streiften in solchen Augenblicken meine Wange. Sie schienen mir in ihrer zartfasrigen Feinheit gleichzeitig natürlich und übernatürlich, und die Fülle ihres kunstreichen Blattgeflechtes ein einzigartiges Meisterwerk, worin der Flor des Paradieses selbst verwoben schien. Welch himmlisches Herbarium hätte ich nicht gern dem allerwinzigsten Teilchen davon als Reliquienschrein gegeben! Da ich aber nicht hoffte, ein richtiges Stückchen eines solchen Zopfes zu ergattern, wäre mir, hätte ich wenigstens eine Photographie davon besessen, diese unendlich viel kostbarer erschienen als eine von Blümchen aus Leonardos Hand. [146]

Ich kannte mich sicher damals sehr schlecht, denn das Vergnügen, Albertine mit mir in meiner Wohnung zu haben, war viel weniger ein positives Vergnügen, als daß es vielmehr darin bestand, der Welt, in der jeder seine Freude an ihr hätte haben können, diese junge Blüte entzogen zu haben, die mir zwar keine großen Freuden schenkte, dafür aber auch zumindest anderen keine gab.[147]

Im übrigen erschien sie mir sogar rein materiell betrachtet, wenn meine Phantasie sie nicht mehr vor dem Horizont des Meeres wiegte, sondern sie unbeweglich vor mir stand, wie eine recht ärmliche Rose, vor der ich gern die Augen verschlossen hätte, um nicht diesen oder jenen Makel an den Blütenblättern zu erkennen, sondern vielmehr zu glauben, ich atme die Seeluft am Strande ein.[148]

Dieses Gesicht Albertines, das im Freien manchmal als ganzes von einer Art fahler Blässe war, zeigte dagegen, je mehr die Lampe es beleuchtete, so glänzend, so gleichmäßig gefärbte, so feste, glatte Flächen, daß man sie dem kräftigsten Inkarnat gewisser Blumen hätte vergleichen können.[149]

Doch während meine Augen über das schöne rosige Rund ihrer Wangen glitten, deren sanftgeschwungene Flächen an den ersten in bewegten Linien verlaufenden Wellen ihres schönen schwarzen Haares endeten, das sich steil erhob und daneben tief eingebuchtete Täler bildete, mußte ich mir sagen: Jetzt werde ich, nachdem es mir in Balbec nicht geglückt war, endlich den Geschmack der unbekannten Rose, der Wange Albertines kennenlernen.[150]

Sehr häufig aber war sie stärker getönt und dadurch lebendiger; zuweilen war in dem sonst weißen Gesicht rosig nur die Nasenspitze, die so fein geformt war wie die einer undurchdringlich blickenden kleinen Katze, die zum Spielen verlockt; manchmal waren ihre Wangen wie poliert, so daß der Blick über ihr rosiges Email hinglitt wie über das einer Miniatur, wobei der halbgeöffnet darübergelegte Deckel ihres schwarzen Haares es noch zarter und geheimnisvoller erscheinen ließ; es kam vor, daß die Farbe der Wangen den ins Violette spielenden rosa Ton von Zyklamen hatte, und manchmal sogar, wenn sie überstark durchblutet oder fiebrig war und dadurch den Eindruck einer kränklichen Veranlagung erweckte, was mein Verlangen auf eine sinnlichere Stufe herabsetzte und ihrem Blick etwas Verderbteres und Krankhafteres verlieh, den düsteren Purpurton gewisser Rosensorten, ein fast schwarzes Rot; jede dieser Albertinen aber war wieder anders wie jeder neue Auftritt einer Tänzerin, bei dem Farbe, Form, Charakter, je nach dem unaufhörlich wechselnden Spiel eines Scheinwerfers, völlig andere sind.[151]

Ich konnte ihren Kopf nehmen, ihn zurückbiegen, ihn an meine Lippen drücken, ihre Arme um meinen Hals legen, sie schlief weiter wie eine Uhr, die weiterläuft, wie ein Tier, das weiterlebt, welche Stellung man ihm auch gibt, wie eine Kletterpflanze, eine Volubilis, die ihre Ranken aussendet, ganz gleich, was für einen Halt man ihr gibt.[152]

Denn ganz im Gegensatz dazu überraschte mich beispielsweise jeden Morgen die Kräuselung ihrer Haare lange Zeit wie etwas Neues, das ich noch nie gesehen hatte. Und doch – gibt es über dem lächelnden Blick eines jungen Mädchens etwas Schöneres als diesen gelockten Kranz, der aus schwarzen Veilchen zu bestehen scheint? Das Lächeln verheißt mehr Freundschaft, aber das glänzende Geringel des gleichsam blühenden Haares, in dem der Körper, dem es so nahe verwandt ist, nur in kleine Wellen umgesetzt scheint, weckt stärker das Verlangen.[153]

Wie eine dunkle, unbekannte Blume, die mir über das Grab hinaus als von einem Wesen herstammend überbracht wurde, an dem ich sie nicht zu entdecken vermocht hatte, stand jetzt, so glaubte ich – einer überraschend ausgegrabenen, unschätzbar wertvollen Reliquie gleich – vor mir das verkörperte Verlangen Albertines, das Andrée für mich war wie Aphrodite das Verlangen des Zeus.[154]

Albertine hatte mich so lange aufgehalten, daß das kleine Theaterstück bereits zu Ende war, als ich bei Madame de Villeparisis erschien; wenig erpicht darauf, dem Strom der Gäste zu begegnen, der sich unter lebhaftem Kommentieren der großen Neuigkeit, der angeblich bereits vollzogenen Trennung des Herzogs und der Herzogin von Guermantes, im Aufbruch befand, hatte ich mich, bis ich die Dame des Hauses würde begrüßen können, auf eine verlassene Bergere im zweiten Salon gesetzt, als ich aus dem ersten, wo sie zweifellos in der vordersten Stuhlreihe gesessen hatte, majestätisch, hochgewachsen und umwallt von einer gelben Atlasrobe, an der riesige schwarze, reliefartig hervortretende Mohnblüten befestigt waren, die Herzogin heraustreten sah.[155]

Die Guermantes waren in geistiger Hinsicht nicht weniger merkwürdig als in ihrer körperlichen Erscheinung. (…) Sogar ihre physischen Merkmale, das eigentümliche, manchmal bis ins Violette spielende Rosa ihrer Haut, ein gewisses, gleichsam lichtspendendes Blond ihres selbst bei Männern feinen Haars, das sich zu sanftgoldenen Büscheln häufte, halb Mauermoos, halb Katzenfell (ein lichter Glanz, dem eine gewisse Brillanz des Geistes entsprach, denn man sprach ebenso wie vom Teint und dem Haar der Guermantes vom Esprit der Guermantes – wie man vom Esprit der Mortemart sprach –, einer gewissen Form gesellschaftlicher Verfeinerung, die aus der Zeit noch vor Ludwig XIV. stammte und um so leichter von allen anerkannt wurde, als sie selbst ihn proklamierten), all das bewirkte, daß in der schon an sich kostbaren Materie der adligen Gesellschaft, in die man sie hier und da eingelassen fand, die Guermantes sichtbar blieben, leicht zu erkennen und zu verfolgen wie die Adern, deren Blond Jaspis und Onyx zeichnen, oder genauer noch wie das leichtschwebende Gewirr heller Härchen, die als biegsame Strahlen die Flächen des Moosachats durchziehen.[156]

»Die Herzogin von Guermantes war nicht da, aber man kann nicht wissen, vielleicht war es sogar besser so. Wir werden es ihr nicht übelnehmen und dennoch ein anderes Mal an sie denken; im übrigen muß man sich ihrer auf alle Fälle erinnern, denn ihre Augen sagen: Vergeßt mich nicht, da sie zwei Vergißmeinnicht sind.«[157]

Gewisse Männer, gewisse Frauen schienen nicht älter geworden zu sein; ihre Haltung war ebenso geschmeidig geblieben, ihr Gesicht noch genau so jung. Doch wenn man beim Sprechen ihren Gesichtern mit der glatten Haut und den feingezeichneten Konturen näher kam, erschienen sie einem ganz anders, so wie es einem mit der Oberfläche einer Pflanze, einem Wasser- oder Blutstropfen geht, nachdem man sie unter das Mikroskop gelegt hat.[158]

Auf den sich selbst so gleichgebliebenen und dennoch jetzt wie Nougatmasse vielfältig zusammengesetzten

 Wangen der Herzogin von Guermantes erkannte ich eine Spur von Grünspan, ein kleines zerstoßenes Stück rosiger Muschelschale sowie eine schwer zu definierende winzige Schwellung, kleiner als eine Mistelbeere und etwas undurchsichtiger, als eine Glasperle es gewöhnlich ist. [159]

Gewiß waren bestimmte Frauen noch sehr gut wiederzuerkennen; ihr Gesicht war fast das gleiche geblieben, sie hatten nur wie in angemessener Übereinstimmung mit der Jahreszeit graues Haar angelegt, das gleichsam ihr Herbstschmuck war. [160]

Man hatte nur das Gefühl, daß es – wie im Pflanzenreich Moose, Flechten und dergleichen – auch unter den Menschen Arten gibt, die sich beim Nahen des Winters nicht verändern. [161]

Was hingegen Madame de Forcheville betraf, so war das Wunder geschehen, daß man nicht einmal sagen konnte, sie sei verjüngt, sondern vielmehr, daß sie mit all ihrem künstlichen Wangenrot und ihrem gefärbten Haar eine zweite Blüte erlebte. Mehr noch als die Verkörperung der Weltausstellung von 1878 wäre sie auf einer Botanikausstellung von heute die allermerkwürdigste der Sensationen gewesen. Mir im übrigen schien sie nicht zu sagen: Ich bin die Weltausstellung von 1878, sondern eher:

Ich bin die Allée des Acacias von 1892. Es war, als könne sie noch immer dort sein. Allerdings schien sie, gerade weil sie sich nicht verändert hatte, nicht wirklich zu leben. Sie hatte das Aussehen einer sterilisierten Rose.[162]

Ihr Anblick erregte mich nicht im geringsten mehr.[163]

Für das Motto:
Walt Whitman, *Grashalme*. Übersetzt von Johannes Schlaf, Stuttgart 1986.
Alle Zitate nach: Marcel Proust, *Auf der Suche nach der verlorenen Zeit* (Frankfurter Ausgabe der Werke Prousts, II). Aus dem Französischen übersetzt von Eva Rechel-Mertens, revidiert von Luzius Keller. Frankfurt am Main 1994-2002.
Bei den folgenden Angaben bezeichnet die kursive Ziffer die Fußnote, die römische Ziffer den Band und die arabische Ziffer die Seite der Quelle.

1 III, S. 123 | ***2*** I, S. 18 | ***3*** I, S. 124 | ***4*** I, S. 130 | ***5*** I, S. 106f. | ***6*** I, S. 127 | ***7*** I, S. 269f. | ***8*** I, S. 269 | ***9*** VII, S. 508 | ***10*** I, S. 248f. | ***11*** III, S. 541 | ***12*** I, S. 200 | ***13*** I, S. 252 | ***14*** I, S. 247f. | ***15*** I, S. 246f. | ***16*** I, S. 249 | ***17*** I, S. 191 | ***18*** I, S. 185 | ***19*** IV, S. 306 | ***20*** IV, S. 307 | ***21*** IV, S. 310 | ***22*** IV, S. 311 | ***23*** IV, S. 315f. | ***24*** VII, S. 411f. | ***25*** VI, S. 216 | ***26*** VII, S. 419 | ***27*** VI, S. 412 | ***28*** I, S. 212f. | ***29*** I, S. 206 | ***30*** I, S. 204f. | ***31*** I, S. 205f. | ***32*** I, S. 165 | ***33*** I, S. 167 | ***34*** I, S. 202 | ***35*** II, S. 713f. | ***36*** VII, S. 92f. | ***37*** VII, S. 94 | ***38*** I, S. 271 | ***39*** I, S. 223f. | ***40*** III, S. 217 | ***41*** I, S. 198f. | ***42*** I, S. 199 | ***43*** III, S. 214 | ***44*** III, S. 214 | ***45*** III, S. 213f. | ***46*** III, S. 221f. | ***47*** III, S. 222 | ***48*** III, S. 217f. | ***49*** II, S. 403 | ***50*** I, S. 214 | ***51*** II, S. 402f. | ***52*** IV, S. 268f. | ***53*** III, S. 719 | ***54*** IV, S. 606 | ***55*** II, S. 408 | ***56*** VI, S. 408 | ***57*** III, S. 722f. | ***58*** III, S. 724 | ***59*** III, S. 724 | ***60*** I, S. 93 | ***61*** I, S. 244 | ***62*** I, S. 245f. | ***63*** VI, S. 122f. | ***64*** I, S. 227 | ***65*** I, S. 76f. | ***66*** I, S. 202f. | ***67*** IV, S. 466f. | ***68*** IV, S. 314 | ***69*** IV, S. 597 | ***70*** V, S. 73 | ***71*** VI, S. 276 | ***72*** III, S. 546 | ***73*** I, S. 609f. | ***74*** I, S. 602 | ***75*** III, S. 262 | ***76*** II, S. 405f. | ***77*** III, S. 297 | ***78*** III, S. 298 | ***79*** III, S. 384 | ***80*** IV, S. 438f. | ***81*** IV, S. 308 | ***82*** IV, S. 448 | ***83*** IV, S.

447 | ***84*** IV, S. 590f. | ***85*** IV, S. 586 | ***86*** IV, S. 502f. | ***87*** II, S. 587 | ***88*** II, S. 588 | ***89*** II, S. 606 | ***90*** V, S. 193f. | ***91*** II, S. 606f. | ***92*** IV, S. 503f. | ***93*** VII, S. 31f. | ***94*** V, S. 172 | ***95*** IV, S. 44f. | ***96*** I, S. 321f. | ***97*** I, S. 337 | ***98*** I, S. 340 | ***99*** I, S. 319 | ***100*** I, S. 320 | ***101*** II, S. 243f. | ***102*** II, S. 173 | ***103*** II, S. 218 | ***104*** II, S. 240f. | ***105*** II, S. 299f. | ***106*** VII, S. 26 | ***107*** III, S. 722 | ***108*** VII, S. 380 | ***109*** II, S. 239f. | ***110*** V, S. 233 | ***111*** I, S. 571ff. | ***112*** I, S. 560 | ***113*** I, S. 565 | ***114*** VI, S. 311 | ***115*** VI, S. 348 | ***116*** III, S. 120 | ***117*** III, S. 113 | ***118*** VII, S. 24 | ***119*** VII, S. 27f. | ***120*** VII, S. 29f. | ***121*** IV, S. 532 | ***122*** III, S. 321 | ***123*** III, S. 313 | ***124*** III, S. 350 | ***125*** VII, S. 491f. | ***126*** III, S. 377 | ***127*** II, S. 706 | ***128*** I, S. 127 | ***129*** VI, S. 59 | ***130*** III, S. 355f. | ***131*** III, S. 281 | ***132*** III, S. 71 | ***133*** III, S. 593f. | ***134*** III, S. 762 | ***135*** IV, S. 410 | ***136*** II, S. 669 | ***137*** II, S. 671 | ***138*** II, S. 697 | ***139*** II, S. 669 | ***140*** II, S. 409 | ***141*** I, S. 230 | ***142*** IV, S. 275 | ***143*** IV, S. 352 | ***144*** IV, S. 280 | ***145*** II, S. 663 | ***146*** II, S. 111 | ***147*** V, S. 104 | ***148*** III, S. 493 | ***149*** III, S. 505 | ***150*** III, S. 510 | ***151*** II, S. 749 | ***152*** V, S. 157 | ***153*** V, S. 20f. | ***154*** VI, S. 195 | ***155*** III, S. 520 | ***156*** III, S. 616/III, S. 614f. | ***157*** V, S. 395 | ***158*** VII, S. 371 | ***159*** VII, S. 362 | ***160*** VII, S. 376 | ***161*** VII, S. 363 | ***162*** VII, S. 381 | ***163*** III, S. 520

11 René Magritte, Das vollendete Bukett, 1956; Privatsammlung, Foto: Bridgeman Images, Berlin; © VG Bild-Kunst, Bonn 2022 | **19** Odilon Redon, Papillons (Schmetterlinge), um 1910; Wallraf-Richartz-Museum & Fondation Corboud, Köln | **21** Claude Monet, Der Garten in Vétheuil, 1880; National Gallery of Art, Washington | **23** Claude Monet, Schmucklilien (Les agapanthes), 1914/17; Musée Marmottan, Paris, Foto: akg-images, Berlin | **29** Claude Monet, Im Park Monceau, 1878; The Metropolitan Museum of Art, New York | **38** Édouard Manet, Fliederstrauß, um 1882; Staatliche Museen zu Berlin | **53** Schmetterling, auf einer Blume sitzend, Indische Miniatur, 1625; Musée Guimet, Paris, Foto: akg-images, Berlin | **58** Louise Abbéma, Stockrosen (Les Roses trémières), um 1900; Musée intercommunal d'Etampes | **63** Édouard Manet, Nelken und Klematis in einer Kristallvase, um 1882; Musée d'Orsay, Paris, Foto: akg-images, Berlin | **66** Édouard Manet, Stillleben mit Blumen, 1880; Sammlung Féral, Paris | **68** Tapete mit Landschaftsausblick, 1797; Stiftung Preußische Schlösser und Gärten Berlin-Brandenburg, Potsdam; © fokus GmbH Leipzig | **74** Paul-Albert Besnard, Eine Wiese im Park von Calais, 1890; Wallraf-Richartz-Museum & Fondation Corboud, Köln | **77** Émile Gallé, Orchideen-Vase (Vase Orchidée), 1900; Musée de Boulogne-sur-Mer, Inventarnummer 752 L,; © Philippe Beurtheret | **81** Cy Twombly, Ohne Titel, 1990; Gagosian Gallery, New York; © Cy Twombly Foundation, New York | **85** Albert Klein, Vase (Irisvase), 1899; Bröhan-Museum Berlin | **89** E. A. Séguy, Wandschirm, 1901; Privatsammlung | **97** Claude Monet, Frau mit Sonnenschirm – Madame Monet mit ihrem Sohn, 1875; National Gallery of Art, Washington | **105** Louise Abbéma, Inmitten von Blumen (Dans les fleurs), 1892; Musée intercommunal d'Etampes

Erste Auflage dieser Ausgabe Insel Verlag Anton Kippenberg GmbH & Co. KG, Berlin, 2022 Bezugspapier: Claude Monet, Blühender Flieder in der Sonne, 1873. Foto: Artotek, Spardorf. Satz: Gesetzt in der Schrift Dante MT Std. Gedruckt auf holzfreies, alterungsbeständiges mattgestrichenes Papier der Firma Papier Union, Hamburg, von der Memminger MedienCentrum AG, Memmingen. Gebunden in Fadenheftung von der Conzella Verlagsbuchbinderei GmbH & Co. KG, Aschheim-Dornach. Dieses Buch wurde klimaneutral produziert: climatepartner.com/14438-2110-1001. Printed in Germany.
ISBN 978-3-458-64298-5
www.insel-verlag.de